给 孩 子 的 博 物 文 化 课

# 神奇的货币

后晓荣 主编

胡淼 编著

中国纺织出版社有限公司 | 国家一级出版社 全国百佳图书出版单位

## 图书在版编目（CIP）数据

给孩子的博物文化课. 神奇的货币 / 后晓荣主编；胡淼编著. -- 北京：中国纺织出版社有限公司，2019.12

ISBN 978-7-5180-6832-6

Ⅰ. ①给… Ⅱ. ①后… ②胡… Ⅲ. ①中华文化—青少年读物②货币史—中国—青少年读物 Ⅳ. ①K203-49 ②F822.9-49

中国版本图书馆CIP数据核字（2019）第222064号

---

责任编辑：李凤琴　　责任印制：王艳丽

---

中国纺织出版社有限公司出版发行
地址：北京市朝阳区百子湾东里A407号楼　邮政编码：100124
销售电话：010—67004422　传真：010—87155801
http://www.c-textilep.com
E-mail: faxing@c-textilep.com
官方微博http://weibo.com/2119887771
北京通天印刷有限责任公司印刷　各地新华书店经销
2019年12月第1版第1次印刷
开本：710×1000　1/16　印张：8.5
字数：120千字　定价：32.80元

凡购本书，如有缺页、倒页、脱页，由本社图书营销中心调换

序言

# 文物是什么
## ——写给小朋友们博物之旅的话

文物是什么？不同的理解有不同的答案。

文物作为人类在社会活动中遗留下来的具有历史、艺术、科学价值的遗物和遗迹，是人类宝贵的历史文化遗产。文物是指这些古人遗留至今的具体物质遗存，其基本特征是：第一，必须是由人类创造的，或者是与人类活动有关的；第二，必须是已经成为历史的，不可能再重新创造的。

### 文物是历史的通道

文物是历史的通道，让我们可以顺利抵达历史记忆的深处，更是我们了解人类社会发展的轨迹。每一件文物，都镌刻着中国文化的深沉记忆，都蕴藏着中华民族的灵魂密码，是国家的"金色名片"。从半坡彩陶到二里头青铜器，我们知道了中国先民跨越了野蛮，发展到文明；从秦始皇陵到武昌城墙上的第一声炮声，我们知道了帝制的终结到民主的开始。

### 文物是文明的勋章

每一件文物都是一枚闪闪的文明勋章，它彰显着人类在漫长历史发展过程中所迸发出的非凡智慧，显示出古人与自然和谐共处的创造力量。我们从长信宫灯看到了智慧之光；从记里鼓车看到了速度的追求，从神火飞鸦看到了征服太空的梦想。博物馆中的每一件文物都展示着一个故事，一个穿越时空，将过去与现在联结在一起的故事。今天作为勋章的文物就是在传承历史，就是在承载中华民族精神的物质根本。

### 文物是前行的灯塔

珍藏在博物馆中的每一件文物还是前行的灯塔，照亮着今人走向未来的路。例如虎门炮台在时刻警示着那段欺辱的历史，前事不忘，后事之师；国家博物院珍藏的秦代大铁权则体现着公平交易，统一规则；敦煌莫高窟中的张骞出使西域壁画则体现了百折不挠的家国责任。击鼓说唱陶俑在手舞足蹈中传达了乐观、通达的生命之美。文物中的历史、生命、责任、规则等理念无处不在，同时也在照亮我们前行的路，即"以古人之规矩，开自己之生面"。

文物是历史的通道，让我们有了记忆之感；文物是文明的勋章，让我们有了传承之责；文物是前行的灯塔，让我们有了创新之源。每一件文物都有一个故事，都是一个"阿里巴巴"宝藏。听懂故事的真谛，探寻宝藏的秘密是每一位小朋友的天性。期待小朋友们用眼睛去观察，用大脑去思考，用心去领会文物之美，美的文物。同时更期待这套博物文化丛书将从书画、钱币、人的进化、服饰、交通、民俗、科技等主题为小朋友打开一个个"阿里巴巴"的大门，从而让更多小朋友了解历史文化、了解中华文明，最终爱上博物馆，爱上历史。

后晓荣

2019年10月

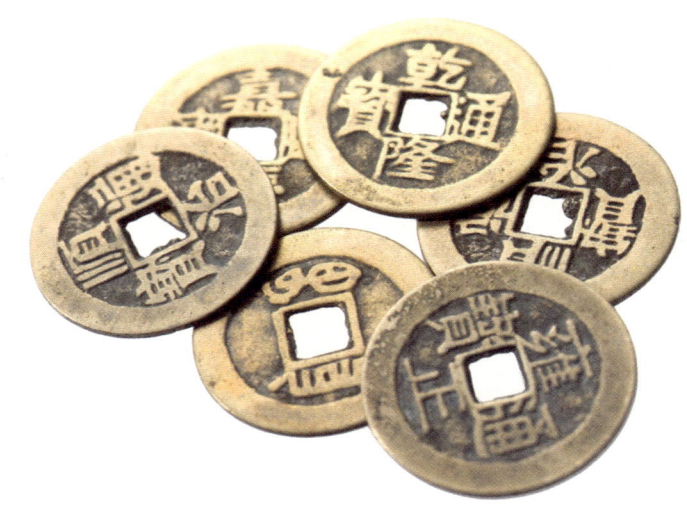

# 目 录

## 第一章　货币从哪里来

1. 商周天然海贝的使用　002
2. 春秋战国时期的各种仿形货币　008
3. 秦汉时期货币由杂乱走向统一　019
4. 沿袭上千年的唐代宝文钱制　024

## 第二章　货币是如何制造的

1. 金属钱币的铸造　032
2. 金银货币的铸钤　040
3. 纸币的出现　046
4. 机器制造货币的开始　053

### 第三章　货币告诉了我们什么

1.钱币与名人　062

2.钱币上的书法文字　069

3.钱文的读法你知道吗　074

4.货币与民俗　079

5.货币的故事　091

### 第四章　还有哪些有趣的货币

1.少数民族钱币　096

2.农民起义军钱币　101

3.民国时期纸币　108

4.效仿中国制造的各种东南亚钱币　113

5.中国境内发现的丝路货币　120

参考文献　129

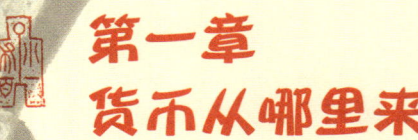

# 第一章
## 货币从哪里来

中国是世界上最早使用货币的国家之一,传说在四五千年以前甚至更早的时候货币就出现了。历数中国历代货币的发展变革,都是在历史的变迁中进行的,伴随着一段段鲜为人知的传奇故事。货币在任何时期都不可以被取代,它是经济、社会、文化发展不可或缺的,是人类文明的结晶。货币与我们的生活息息相关,现实生活中更离不开它。我们在买东西的时候,使用的货币是我国现行人民币的纸币和硬币。那我们的先祖在买卖物品的时候,使用的货币是什么样子的呢?下面就跟随我们的脚步一起回到过去,看一看古代先人使用的货币吧!

## 1.商周天然海贝的使用

在漫长的旧石器时代，原始人主要靠采集和渔猎为生。到新石器时代，产生了原始的畜牧业和农业。随着生产力的不断发展，有不少氏族有了剩余产品可以用于交换。起初，人们以物物交换的形式作为商品交换的手段，即用自己已有的物资去交换自己需要的物资，比如一只羊换一把斧头。随着剩余物品越来越多，交换物品的种类不断增加，以物易物就显得不太方便，于是就需要某种天然物作为"一般等价物"，来充当交换物品的媒介。而起初的一般等价物可谓是五花八门，贝壳、羽毛、布料、盐和牲畜都曾是交换工具。古埃及甚至以土地或奴隶作为士兵的工资。古罗马士兵得到的军饷曾经有食用盐。拉丁文sal的意思就是"盐"（英文salt），英文工资"salary"一词就是从sal演变而来的。到了20世纪，在一些发展滞后的国家和地区，还有用特殊形状的羽毛、矿石和金属制品作为货币的现象。在我国考古发掘的新石器晚期遗址中，如仰韶文化的半坡遗址就曾出土了大量陶罐作为殉葬品；大汶口文化的墓葬

> **知识小档案**
>
> 旧石器时代和新石器时代，都是考古学家假定的一个时间区段。旧石器时代从距今约300万年前开始，延续到距今1万年左右止，是以使用打制石器为标志的人类物质文化发展的阶段。新石器时代约从1万年前开始，结束时间从距今5000多年至2000多年不等，是以使用磨制石器为标志的人类物质文化发展的阶段。

> **知识小档案**
>
> 氏族是原始社会基本的、最初的社会组织形式，分母系氏族和父系氏族。母系氏族产生于原始社会人类由原始群转化为氏族组织的初期，在母系氏族制度下，子女属于母方氏族成员，世系按母方计算，妇女在氏族里受到普遍尊敬，成为氏族社会的中心。原始社会发展到后期，父系氏族取代了母系氏族，子女由母方氏族成员变成父方氏族成员，子女的血统、世系也按父方计算，实行子女承袭父方财产的继承制度，丈夫在家庭中居于统治地位。

**知识小档案**

一般等价物是从商品中分离出来的、充当其他一切商品的统一价值表现材料的商品，它的出现，是商品生产和交换发展的必然结果。历史上，一般等价物曾由一些特殊的商品承担，一般来说游牧民族以牲畜、兽皮类来实现"一般等价物"职能，而农业民族以五谷、布帛、农具、陶器、海贝、珠玉等充当最早实物货币。随着社会的进步，黄金和白银成了最适合充当一般等价物职能的货币。

中有大量的猪头骨和下颌骨，表明猪和陶器在原始社会后期曾作为财富的象征，也许起到过货币的职能。

**知识小提示**

新石器时代出现了许多灿烂的文明和文化，其中著名的有仰韶文化、大汶口文化、河姆渡文化、龙山文化等。大家有兴趣的话，可以去查查这些文化的发展状况，主要分布在什么区域，各自有什么最显著的特征。

随着社会经济的发展和商品社会的形成，我们的先民在寻找充当实物货币的过程中发现了它——海贝（图1-1）。海贝中最常见的是一种齿贝，这类海贝主要出产于我国热带、亚热带的东海和南海等海域，对中原地区来说是一种外来物品，内地很难获得海贝，这就决定了海贝的珍贵，因此这种贵重的外来物被中原地区人们拿来当作最初的货币，这就诞生了中国最早的货币。它的产生标志着当时社会生产力的发展程度，反映了商代商业交流的情况。一枚枚的贝壳外形美丽、光泽迷人，且具有坚固耐磨、小巧玲珑、便于携带、计数方便、不易腐坏的特性，是充当物品交换媒介的好材料。与其他物品充当实物货币比较，如牛、羊、猪等牲畜不能分割，五谷杂粮会腐烂，珠宝

图1-1 天然海贝

玉石太稀少，刀铲又太笨重。此外，海贝作为装饰品用时，可作颈饰项链（图1-2）；当把它们作为实物货币时，正面有槽齿，背面往往磨平，或钻一个穿孔用绳子把它们穿起来，便于携带与计数。因此海贝在长期商品交换中，被选为主要货币是最合适与便捷的。海贝的计量单位是"朋"，五个或十个贝币串成一串，两串称为"一朋"

图1-2 新石器时代的贝壳项链

（图1-3）。"朋"的古字本义是指一串或两串相连的"贝"，后来逐渐演化成计量单位。中国的汉字中，凡与金钱、财货、价值有关的字，往往都有个"贝"字作偏旁或作部首。如价值功能方面的：赐、赏、财、资等；流通功能方面的：买、卖、贸等；支付功能方面的：赎、贡、费、赋等，这说明在汉字最初形成之时，人们已主观地把"贝"与钱财联系在一起。

第一章 货币从哪里来

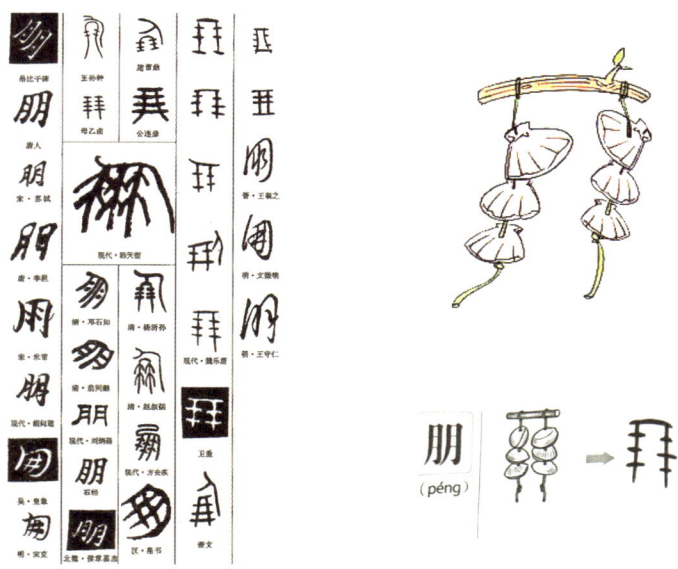

图1-3 "朋"字的来源

在我国考古发掘中，夏商遗址出土过大量天然海贝。夏朝是我国史书记载的第一个世袭制朝代，由夏商周断代工程发布的《夏商周年表》中拟定夏朝存在的时间约公元前2070~公元前1600年，约470年。根据史书记载，到禹时（大禹治水的主人公）传位于他的儿子启，改变了原始部落的禅让制，开创中国近四千年世袭制的先河。夏代二里头文化墓葬中已有随葬贝的现象，用作贵重的装饰品，也很可能已具有了货币的功能。到了公元前1600年前后，商国君主汤灭夏朝后，建立起了我国历史上第二个朝代——商朝。之后，商朝国都频繁迁移，至其后裔盘庚迁殷（今河南安阳）后，国都才稳定下来，因此商朝又被后世称为"殷"或

> **知识小档案**
>
> 二里头文化是指以河南省洛阳市偃师二里头遗址一至四期所代表的一类考古学文化遗存，是介于新石器时代中原龙山文化和商代二里岗文化的一种考古学文化。

005

"殷商"。在距今约3500余年的河南殷墟妇好墓，也发现了贝币的身影。在商代中期以前，贝币的价值很高，臣子若能获得商王赏赐的贝币是极大的荣耀。

除了我国，世界上的很多地方都曾把贝壳当作货币来使用。欧洲人从西非购买奴隶，使用的就是贝币，亚洲、大洋洲、非洲和美洲的许多地方，也都使用过贝币。当年西方殖民者进入美洲时，被欧洲人视为至宝的金银，在原住民印第安人的眼里却一文不值，他们拒绝使用金币或银币，这在我们看来简直是不可理解。但是印第安人的皮毛产品是当时殖民地经济中的热门商品，他们要求欧洲人使用"真正的钱"——贝壳串珠（Wampumpeag，用复杂的方法将蚌壳中的小珠串制而成）来做交易。

海贝是大自然给予人类的礼物，获取的数量很不稳定。商朝中期以后，由于人口增多、农业进步、手工业发达、商贸往来频繁等诸多因素，促使货贝的需求量猛增，天然海贝已经不能满足人们日常交换的需要，当没有足够多的海贝时，人们开始寻找更适宜的货币材料来替代天然海贝，故而人们制作出了许多仿制贝币，有陶贝、石贝、骨贝、珧贝、蚌贝、玉贝、绿松石贝等人造贝币（图1-4），以补充天然海贝的不足。这类贝币形体都较小，其长度约1.2~2.4厘米。

> 珧读yáo，珧贝，又称"唇甲""蚌壳""蛤壳"，是用蚌壳刻成的，呈乳白色，形体扁平。

商朝中晚期（距今3100年左右），随着冶金工艺的发展，青铜冶炼技术日渐成熟，青铜贝币应运而生。青铜贝币形制也是仿照海贝的样子制作的，铜贝堪称是我国最早的金属货币，同时也是人类历史上最早的金属铸币（图1-5）。在公元前4世纪~公元前11世纪的河南省安阳市大司空村商代晚期墓葬中出土的人造铜贝，它比西方铸币的发

**知识·小档案**

妇好墓位于河南省安阳市，于1976年被考古工作者发掘，是殷墟唯一保存完整的商代王室墓葬。妇好是商王武丁的妻子，同时也是一位女将军。

**图1-4 海贝及仿贝币 北京古代钱币展览馆藏**

明者小亚细亚的吕底人开始铸币的年代（公元前7世纪）还要早几个世纪。青铜贝币的出现，表明了中国钱币由自然形态的货币向人工铸币的转换，是具有重要历史意义的。

**图1-5 铜贝**

## 2.春秋战国时期的各种仿形货币

经历了"制礼作乐（yuè）"的西周时代，进入到了"礼崩乐坏"的春秋战国时期（公元前770～公元前221年）。西周时，周天子保持着天下共主的威权（图1-6）。平王东迁以后，东周开始，周王室开始衰微，只保有天下共主的名义，而无实际的控制能力，各地的诸侯国称雄割据，开启了兼并与争霸之路。由于他们生活居住的环境不同，各以其主要生产工具或特选对象为原型，进行铸币，出现了复杂多样的金属仿形货币。因此在春秋战国时期，逐渐形成了具有诸侯国地域特色的四大货币体系（图1-7），即：流通于周王室和三晋地区等地的布币；流通于齐、燕、赵等地的刀币；流通于楚地的蚁鼻钱；流通于秦等地的圜钱。

钱是什么？这个问题如果问今天的我们，我们大家都知道，钱是财富的象征；如果这个问题是问生活在春秋战国时期，我们朴实的先民，他们却不这样看。在他们眼中，

> **知识·小档案**
>
> 中国被誉为礼仪之邦，最早追溯到周代的礼乐制度；西周武王灭商后，周公旦制定了各种典章制度，也称礼乐制度，以维护其奴隶主贵族的统治地位。"礼"是维护统治者等级制度的政治准则、道德规范和各项典章制度的总称；"乐"则是配合贵族进行礼仪活动而制作的舞乐。

**图1-6 周武王画像**

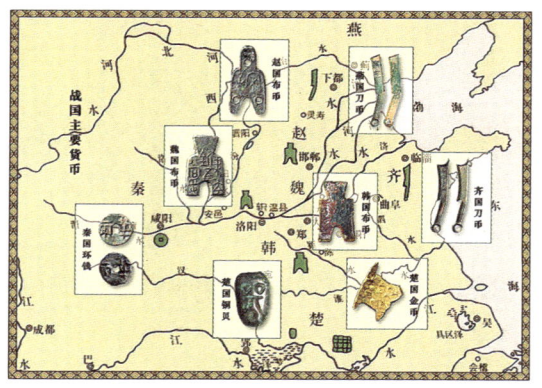

图1-7 战国钱币分布图

"钱"不过是一种普通的农具嘛!翻开古代的字典《说文解字》,我们可以看到是这样解释的:"钱,铫(yáo)也。古田器。"下面就请大家来看一看,这些形态各异的春秋战国钱币,都分别像什么农具呢?

### 知识小档案

春秋五霸和战国七雄,春秋时期周王的势力减弱,诸侯群雄纷争,齐桓公、晋文公、宋襄公、秦穆公、楚庄王相继称霸(另一说是齐桓公、晋文公、楚庄王、吴王阖闾、越王勾践),被合称为"春秋五霸";经过春秋时期旷日持久的争霸战争,战国时期正式形成了齐国、楚国、燕国、韩国、赵国、魏国、秦国七雄鼎立的格局,七个最强大的诸侯国统称为"战国七雄"。

### 青铜铲形农具——布币

中原地区,即周王室和三晋地区(赵、韩、魏三国)等地,主要流行布币。布币是在春秋早期出现,直至战国晚期铸行并流通的铲形铜币(图1-8)。布币是从青铜铲形农具

图1-8 战国魏"安邑二金化"布币

"钱""镈（bó）"演变而来的，"镈"和"布"是同音假借字，这也是后世把货币称之为"钱"的缘由。布币因形状似铲，又称铲布，铲状工具曾是民间交易的媒介，故最早出现的铸币铸成铲状。《农书》中记载："钱镈，古耘器也。"布币造型艺术特别富于审美价值，今天人们仍把布币视作中国钱币文化的象征，如中国人民银行的行徽由三个金红色的布币组成（图1-9）、中国农业银行的行徽则用布币和麦穗构成（图1-10）。

图1-9 中国人民银行行徽　　　　　图1-10 中国农业银行行徽

按布币形状划分，可分为空首布、平首布两大类。起初春秋时期流行的布币主要是空首布（图1-11），保留着其作为工具铜铲的模样，顶端中空而凸起，留有装柄的空心的"銎"（qióng），原始而厚重。而战国时期的布币主要是平首布（图1-12），即相对"空首布"而言，已无装柄中空的銎，重量逐渐减轻，形体变薄变小，币身完全成为片状，形似铲状铜片，便于铸造和携带。平首布上面通常铸有地名或记重的文字，由周王室及其附近扩大到燕、秦、楚等国。另按其肩、足的不同还可以分为平肩、耸肩、圆肩和方足、尖足、圆足等类别。一般是由平肩平底布或平肩方足向耸肩尖足布、圆肩圆足布演化。

**知识小·提示**

大家可以去博物馆里找一找，看看这些不同形状的布币都是什么样子的。

第一章 货币从哪里来

图1-11 空首布 中国钱币博物馆藏

图1-12 平首布 天津博物馆藏

011

布币中最为传奇的一种布币被称为"三孔布",是古泉收藏界公认的古泉五十名珍之一。2010年5月11日在中国嘉德春季拍卖会古钱专场中,存世孤品——战国赵铸大型"武阳"背"一两"三孔布(图1-13)经过近40次激烈竞价,最终以352.8万元人民币成交,创出古钱拍卖新纪录。坊间有一种说法,没有收藏三孔布的人,不能称为钱币收藏大家,每种三孔布都有一部传奇。此三孔布面文"武阳"两字上下书写,"阳"字两边分距较大,与"武"字呈三足鼎立之势;背首穿孔上铸有数字"十五",背文"一两"字体稍倾斜。据《史记·赵世家》载:孝成王"十九年(公元前247年),赵与燕易土,以龙兑、汾门、临乐与燕;燕以葛、武阳、平舒与赵"。据此知:武阳古邑,原为燕下都,属燕国领地,赵孝成王时与燕交换土地后归属赵国,其地望在今河北易县南。"武阳"之大型三孔布是目前发现的唯一孤品,学术价值极高,对于佐证史料、考证三孔布铸期以及研究衡制演变和地理位置变迁等有着十分重要的意义。

> **知识·小档案**
>
> 古泉界把50枚极为罕见珍贵的古钱币合称为古泉五十名珍。这50枚钱币历来就是泉界收藏者倍受推崇的至上珍品,其收藏价值、欣赏价值及研究价值是无可限量的。其中就包括本章节所讲的三孔布、博山刀、"共屯赤金"圜钱。

图1-13 战国赵大型"武阳"背"一两"三孔布

### 由渔猎工具刀削演化而来的刀币

东方的齐国、北方的燕国和赵国的一部分区域,主要使用刀币。刀币是由商周时期山戎、北狄等北方游牧民族渔猎工具刀削演变而来的,所以刀币的柄端均有环,柄上有裂沟。刀币由刀首、刀身、刀柄、刀环几部分组成,刀首是划分刀币类型的主要依据,按形状可分为针首刀、尖首刀、截首刀、圆首刀和平首刀。按其刀背形制分弧背、折背、直背。刀币因其形制粗拙,不便携带,其主导地位最终被圜钱所取代。

刀币主要分"齐法化"和"燕明刀"两大类型(图1-14、图1-15)。齐国是使用刀币的主要国家。齐国的刀币文字生动、制作精美。主要有"齐造邦长法化""即墨之法化""齐法化"和"齐明刀"等。燕国起初流行尖首刀、针首刀,战国时发展成截首刀与"燕明刀"。赵国刀币出现较晚,大约在战国晚期,以形体较小且

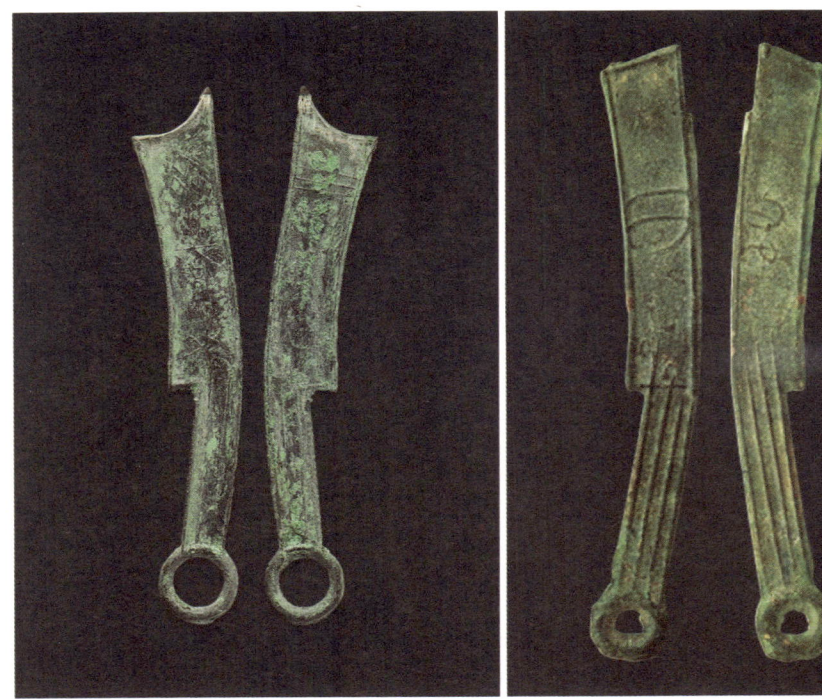

图1-14 "齐法化""燕明刀"

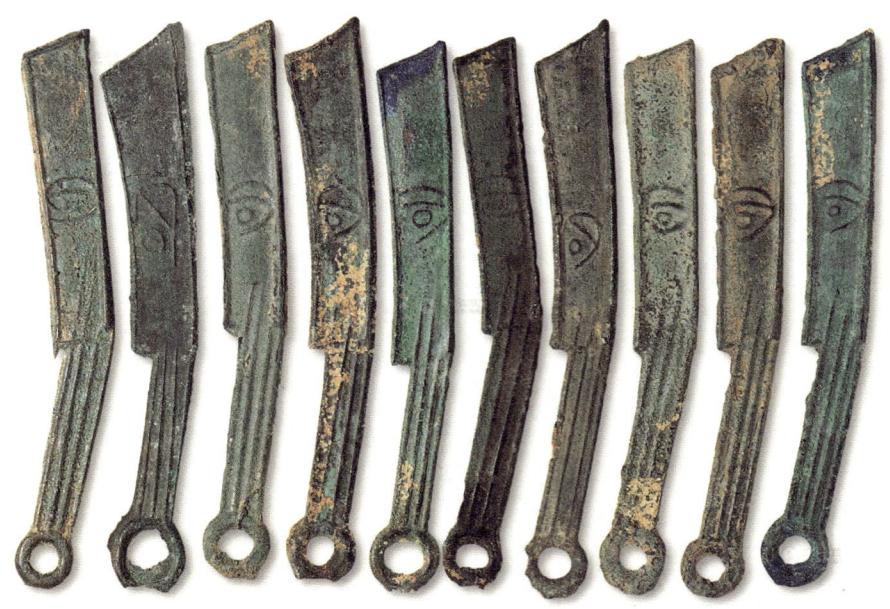

图1-15 战国燕"燕明刀"

圆首的直刀为主。刀身多铸地名,有"甘丹""柏人""闾(yín)阳"等。

其中有一种齐国刀币被称为"博山刀"(图1-16),因于清代中期嘉庆年间首批

> **知识小·提示**
> 
> 大家走进博物馆再仔细找一找,齐国的刀币和燕国刀币还有什么差别。

出土于山东博山(今山东淄博南部)而得名。清代在博山地区香峪村曾首次出土一批刀币,其刀币正面有一"明"字,此"明"字细长,凸出钱面不到0.5毫米,背面的文字多变,一般有三至四字,书写规整,笔画圆润,依刀形呈纵向均匀分布,由于这些文字为大篆字体,奇特难释,一般人不能辨读,因此以前就以"博山刀"称之,也被称作"齐明刀"。博山地区在战国时期是齐国属地,这些出土的博山刀的形状,与齐国所发行的货币"齐刀"形状有异,而形与燕明刀相似,于是对齐境所出该刀的国属问题、铸行时间、铸行地点,

图1-16 战国齐 博山刀

钱币学界曾产生了不同看法；后经有关专家考证，从燕国乐（作为姓氏读yuè）毅代齐的进军路线和博山刀的出土分布状态分析，加上博山刀铭文铸有齐地名、齐货名，面文铸"明"，又形如燕明刀，认为此刀是燕军占领齐国"莒城"期间所铸，在齐国占领区为了和周围地区进行贸易，铸造与燕明刀相同形制的货币，因其铸量不大，而铸时不长（仅6年），出土数量少，而倍感珍贵。此刀币是燕刀型制，面文"明"字，字大而方折，背文有以"莒（jǔ）冶××"开头者，泉谱载有"莒冶化""莒冶齐化""莒冶法化""莒冶内化"等几种，均存世稀少。每一枚古钱币都承载了一段历史，因此我们在研究古钱币的时候也是在认识和了解一段历史。

> **知识·小·档案**
>
> 战国七雄之一的燕国，燕昭王时期，经过二十八年的文治武功，使燕国国富民强，公元前284年，以乐毅为上将军，统率燕、秦、赵、韩、魏五国联军大举伐齐，燕攻占齐地七十余城。公元前279年，齐国大将田单，出奇计"火牛阵"，一举收复当年被占领的失地。

## 由纺织工具纺轮演化而来的圜钱

西北地区的秦国独用圆形铜质货币——圜钱，又名"环钱""圜金""圜法"。其形制是由纺织工具纺轮演化的货币，也有人认为是从玉璧、玉环、石环等装饰品或刀币的环部演化而来的。圜钱便于携带，亦便于计数，且不易折损。按其孔的不同可分两大类：一是圆形圆孔，比较原始；二是圆形方孔，由圆形圆孔逐渐演变而成。战国时期即较早铸行的是圆形圆孔，钱形较大且厚重。孔先圆后方，先无郭（轮廓）后有郭，并有铸文，多记有都城名称和货币单位。后来，秦惠文王、秦始皇铸圆形方孔"半两"钱。

根据各国圜钱钱体上所铸货币单位的不同，可将其划分为三大类：以"两"为单位的秦国圜钱（图1-17）；以"釿"为单位的两周、三晋地区的圜钱；以传统货币单位"刀"为单位的齐、燕圜钱。

图1-17 战国秦"一铢重一两十四"圜钱 上海博物馆藏

其中最为珍贵的一枚圜钱是"共屯赤金"圜钱（图1-18），形制为圜钱，圆穿，面有币文"共屯赤金"。"共"系原战国时期魏国境内地名，即地望，今河南辉县。故知其为公元前4世纪～公元前3世纪战国晚期魏国所铸的圆形圆孔货币。"屯"——"纯"字省，金文中"纯"作"屯"。"赤金"即为铜，《汉书·食货志》载："金有三等，黄金为上，白金为中，赤金为下。"魏文侯时任用李悝（kuī）为相实行变革，除布币外

### 知识·小档案

李悝变法是指战国时期魏国的魏文侯当政时，任用李悝为相，进行变法改革。李悝在政治上主张废止世袭贵族特权，选贤任能，赏罚严明。经济上主要实行尽地力、平籴法。极大地促进了魏国农业生产的发展，使魏国富强。

**图1-18 战国魏"共屯赤金"圜钱**

开始铸行圜钱，面文记地记值，"共屯赤金"与"共""共少半釿"当属同一地区的铸币。

圜钱的出现是货币形制上的巨大变革，圆形方孔钱最终代替了刀币、布币，成为我国古代铜钱的固定形式。

### 由仿制贝币演化而来的蚁鼻钱

南方楚国铸造的铜贝称"蚁鼻钱"，俗称"鬼脸钱"（图1-19）。蚁鼻钱是由仿制贝币演化而来。铸造始于春秋时期，止于战国晚期秦灭楚前。"蚁鼻"比喻轻的小蚂蚁已经很小了，它的鼻子那就更小了。东晋葛洪《抱朴子·论仙》说："以蚁鼻之缺捐无价之淳钩（剑名）。"意思是只因轻微的缺陷舍弃无价的宝剑。可见蚁鼻钱就是小钱。多数学者认为蚁鼻钱是仿制铜贝的高级形态。

最早记录这种铜仿贝为蚁鼻钱的是宋代的洪遵，他在《泉志》中说："此钱上狭下广，背平，面凸，有文如刻镂又类字，也谓之蚁鼻钱。"这里并没有详细地说明刻镂的是什么文字的贝，大概是铸有

> **知识·小·提示**
> 
> 大家请看一看，蚁鼻钱跟之前讲过的哪种钱币有些相似呢？

图1-19 战国楚蚁鼻钱 南京博物院藏

"紊"字形和"咒"字形的两种。"紊"字形贝,钱体上尖下圆,面凸,背平,阴文"紊"字形就如同一只蚂蚁爬在鼻子上,故称之为蚁鼻钱。"咒"字形贝钱体与蚁鼻钱相同,"咒"字形贝钱仿佛一个鬼脸,所以又称之为"鬼脸钱"。后来有文字的铜贝被统一称为蚁鼻钱。

综上,春秋战国时期出现的四大货币体系分别由铲、刀、纺轮等劳动生产工具演化而来,由此可见当时各地征战、渔猎、制陶、纺织、贸易往来等的特色和社会风貌,同时形成的四大货币区域也是诸侯割据的产物。随着经济与商品交易的发展,各国间货币互相流通,推进了币制统一与标准化的进程。

> **知识小·档案**
>
> 《泉志》南宋洪遵创作的研究中国历代钱币的著作,成书于南宋宋高宗十九年,即1149年,所录钱币至明朝为止,共增达600多种。

## 3.秦汉时期货币由杂乱走向统一

### 秦"半两"钱的使用

战国时期,各诸侯国各自为政,自己铸行货币:齐有法化刀,楚有蚁鼻钱,燕有明刀,韩有方足布,赵有尖足布,魏有桥足布,秦有圜钱,等等。钱币形状各异,轻重不一,品质有优有劣,换算困难,已很不便于当时商品的流通。

公元前230~公元前221年,秦王嬴政先后灭掉韩、赵、魏、楚、燕、齐六国,于公元前221年完成统一大业,建立起一个以汉族为主体统一的中央集权的强大国家——秦朝(公元前221~公元前207年)。这是中国历史上第一个大一统王朝。秦始皇认为自己的功劳胜过他之前的三皇五帝,故采用三皇之"皇"字、五帝之"帝"字的"皇帝"称号,是中国历史上第一个使用"皇帝"称号的君主,并自称"始皇帝"。

秦始皇顺应历史发展趋势,在统一文字、统一度量衡的同时,也统一了全国的货币。秦始皇改革币制,一方面废除各大小诸侯国的旧币,另一方面严禁民间私铸,巩固加强国家的铸币权和发行权,"以

图1-20 秦半两钱 陕西历史博物馆藏

秦币同天下之币"，将秦国的货币制度推广到全国各地。

规定以黄金为上币，以"镒"（yì）（有十六两、二十两、二十四两三种说法）为单位，供巨额支付使用，如帝王赏赐、贵族间馈赠等；以圆形方孔的铜币为下币，承统一前秦的币制，以半两为单位，文也曰"半两"（图1-20），供日常交易用，禁民私铸。钱直径一般为2.5~2.77厘米，重十二铢（秦代规定一两为二十四铢），约合2.5~3.35克，正面铸有篆书"半两"二字，背面平素无文，无内外廓。但传世秦半两钱轻重差异很大，成色也很不一致。《史记》的作者司马迁说秦"铜钱识曰半两，重如其文，为下币……然各随时而轻重无常"。

秦统一天下后，规定以外圆内方的半两钱为全国通行的货币，这是我国最早的全国统一的法定货币。钱文"半两"相传由宰相李斯所书，与实重相符，秦朝方孔圆钱是世界上最早由政府法定的货币。

货币的统一结束了中国古代货币形状各异、重量悬殊的杂乱状况，是我国古代货币史上货币由杂乱走向规范的一次重大演变。从此，秦半两钱的这种圆形方孔的形制被固定下来，成为中国货币的主要形式，至民国初期共沿用2000多年。

## 知识·小·提示

为何以圆形方孔这种形制作为货币的主流形制呢？一是圆形方孔铜钱应天圆地方之说，古代人们认为天是圆的，地是方的，象征着天地乾坤，表达了古人天圆地方的宇宙观。二是环形便于携带，而方孔穿绳索铜钱不易旋转，可防磨损。还可以把铜钱盘起来缠绕腰间，既方便携带又安全。三是有做人的道理在其中，铜钱为外圆内方，做人也需要如此，做事圆滑，但内心保持方正。四是钱币铸造好后用方钎插入孔中，便于打磨外沿。

## 汉"五铢"

由于秦朝暴政，导致大规模农民起义。公元前206年，秦朝灭亡。经过4年的楚汉战争，刘邦战胜项羽，建立了西汉（公元前202～公元8年），这是继秦朝之后的又一个大一统王朝。汉初承袭秦制，继续铸行半两钱。据《汉书·食货志》记载，汉高祖刘邦建汉后，推行"无为"政治，任由郡国和民间自由铸钱，豪绅富商和地方势力乘机大铸劣钱而牟利，铸钱轻如"榆荚"，俗称"榆荚钱"，导致通货膨胀，货币混乱，物价上涨，威胁中央财政。文帝时"邓通大夫也，以铸钱财过王者"。

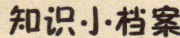

### 知识小档案

《汉书》是中国第一部纪传体断代史，"二十四史"之一。由东汉史学家班固编撰，后唐朝颜师古为之释注。《汉书》全书主要记述了上起西汉的汉高祖元年（公元前206年），下至新朝王莽地皇四年（公元23年）共230年的史事。《汉书》与《史记》《后汉书》《三国志》并称为"前四史"。

汉武帝即位后（图1-21），"外事四夷，内兴功利"，急需开辟财源。于是汉武帝于元狩五年（公元前118年）下令废止半两钱，令郡国铸"五铢"钱，钱文五铢，重如其文，史称"郡国五铢"。正面无内廓，背面内有内外廓，不整齐，有的平背。开始铸的五铢钱，由于轻重适中，使用称便，深受商民欢迎。元鼎二年（公元前115年），改由京师钟官铸"赤仄五铢"。"郡国多奸铸钱，钱多轻，而公卿请令京师铸钟官赤侧（仄），一当五，赋官用非赤侧（仄）不得行。"意思是说，由京师钟官铸造的"赤仄五铢"一枚当"郡国五铢"五枚。《史记·平准书》记载："其后二年，赤侧（仄）钱贱，民巧法用

**图1-21 汉武帝像**

图1-22 西汉五铢钱 中国钱币博物馆藏

之,不便,又废。"元鼎四年(公元前113年)汉武帝又发布诏令把铸币权收归中央,废止了"郡国五铢"和"赤仄五铢",中央政府成立专门的铸币机构"上林三官"("钟官"负责铸造,"辨铜"负责审查铜的质量成色,"技巧"负责刻范)负责铸造标准五铢钱,并规定非上林三官钱,不能流通。上林三官所主持铸造的五铢钱钱文严谨规矩,钱形整齐,铸工精细。从此,西汉王朝把铸币权集中于中央,五铢钱成为当时唯一合法货币。

西汉时期的五铢钱(图1-22),正面用篆字铸出"五铢"二字,枚重也是五铢("铢"是重量单位,一铢等于一两的二十四分之一),形制规整,重量标准,铸造精良,改变了货币混乱现象,有利于中央集权和经济发展。五铢钱是秦汉货币史上的一大转折,实现了中央对钱币铸造、发行的统一管理,这是中国古代货币史上由地方铸币向中央铸币的重大演变。此后历代铸币皆由中央直接经管。铸币权收归中央对稳定各朝的政局和经济发展起了重要的作用。

五铢钱是我国钱币史上使用时间最长的钱币。自汉武帝元狩五年(公元前118年)始铸五铢钱起,历经西汉、东汉、魏、晋、南北朝、隋,一直到唐高祖武德四年(621年)废五铢钱,历经700多年。

图1-23 西汉金五铢 陕西历史博物馆藏

五铢钱作为法定货币,也是中国钱币史上使用时间最长的金属货币(图1-23)。

五铢钱在中国五千年货币发展史上具有深远影响,奠定了中国硬通货铸币圆形方孔的传统。因五铢钱轻重合宜,中国以"五铢"为主要形制的方孔圆钱还影响日本、朝鲜、越南等国。而泰国现在的货币单位"泰铢"仍称"铢"与此不无关系。

### 知识小·提示

从西汉至隋,虽然历朝历代都铸行五铢钱,但还是有些不同的地方:有的依规铸造,有的偷工减料,有的只剩内圈或外环。同样都是五铢钱,想一想为什么会出现这样的情况呢?

## 4.沿袭上千年的唐代宝文钱制

汉代的五铢钱铸行700余年，虽经久不衰，但也是经历了许多挫折和打击。之后的三国两晋南北朝时期长期处于分裂状态，货币制度极度混乱，钱币流通不畅，形制大小不一。到了公元581年，隋朝建立，结束了乱世，开始使用隋五铢钱。可惜隋朝是个短命王朝，存在不到40年就灭亡了，继之而起的是唐朝。唐朝定都之后，又为何要废止五铢钱而另铸它钱呢？唐代开元通宝的诞生，有着特殊的时代背景（图1-24）。

唐高祖李渊初入长安（今陕西西安）时，民间沿用的是隋五铢钱，大小不一，样式杂乱。这是由于隋末战乱，致使社会上劣钱大量出现，再加上市面上流通前代的旧钱，通货状况极度混乱。唐建国后，为适应其统治需要，于唐高祖武德四年（621年）着手整顿货币，颁诏废止了通行700余年的五铢钱及轻重不一的历代古钱，统一

图1-24 隋五铢与唐开元通宝 首都博物馆藏

图1-25 唐开元通宝

铸造的"开元通宝"钱（图1-25），取"开辟新纪元"之意。"开元通宝"钱文四字笔力苍劲，端庄俊雅，雄浑凝重，是由初唐著名书法大家欧阳询所书。

开元通宝一反秦汉旧制，钱文不书重量，而称"××通宝"，是我国古代货币由文书重量向通宝的演变。此钱直读为"开元通宝"（图1-26），也有旋读读作"开通元宝"的，但按照开创富强安定美好生活和开辟新纪元的意思来讲，读作"开元通宝"更为合适，"开元"有创始、首创之意，为开新朝之元的意思。"通宝"即流通的宝货、通行的货币的意思。开元通宝钱是我国最早的通宝钱，此后圆形方孔钱币都以通宝、元宝

图1-26 西安大雁塔广场上的开元通宝雕砖

### 知识·小·档案

顺读，即按上下右左、先纵后横的顺序直读，始见于新莽时期，至元明清占绝对优势，遂成定型。旋读，即按上右下左顺时针方向旋读，宋钱中较多，元以后绝迹。

作称，一直沿用到辛亥革命后的"民国通宝"。

开元通宝在重量单位上有重大突破。秦汉以来所铸的钱币，通常在钱文中都明确标明钱的重量，如"半两""五铢"等，古代衡法（关于重量的法则）规定二十四铢为一两（二十四进位制）。"开元通宝"开创十进位制，每枚重二铢四为一文钱，积十文钱重一两，即十钱一两，"以钱代铢"。此后我国铜钱不再用钱文标重量，而用两、钱、分、厘的十进位法表示重量。唐代实行以"文"为货币计数单位的宝文钱制，揭开了中国钱币史的新篇章。这种宝文钱体系一直沿袭到清末，历时千年。

唐朝时，开元通宝是主要的流通货币，铸行近300年而使币制长期稳定。它的流通时间长，铸行数量大，版别也众多，多达数百个版别，但绝大多数为小平钱，大钱非常罕见。唐代开元通宝版制可分为早、中、晚三期。早期开元轮廓精细，文字精美，以增加官钱信用，挤兑私钱；中期钱背多铸有星、月等各种纹饰；晚期的外部较阔，且由于铜料冶炼不精，铸币粗糙。

关于开元通宝，还有很多有趣的故事呢！

**知识小档案**

小平钱是指价值一文的小钱，也称平钱、小钱，一般直径在2.4厘米左右，重3.5克左右。当二/折二钱是指当作二文使用的钱，一般直径在2.8厘米左右，重7克左右。当三/折三钱是指当作三文使用的钱，一般直径在3.1厘米，重10克左右。当五/当十/当百/当千/当万钱以此类推。

### 第一则故事："元"字的小尾巴

如果大家仔细观察就会发现在"开元通宝"四字中，不同时期的"元"字字形有很小的差异，"元"字第二笔"横"总会带着一条不安分的小尾巴，时而向左边翘起，时而向右边翘起，时而两边都翘起，有左挑、右挑、双挑之分，其中后两者少见（图1-27）。最初铸的开元钱"元"字不挑；武德年间所铸"元"字出现左挑；右挑开元钱应是贞观年间及其以后所铸；双挑开元钱数量极少，应是高宗时的

图1-27 开元通宝左挑"元"、右挑"元"、双挑"元"

纪念币性质，有大事件发生时所铸。唐玄宗以后的"元"字仍有挑笔的情况，但因其铜质、重量、轮廓等均与以往不同，分辨比较困难。

### 第二则故事：星月是谁的指甲印？

唐代开元通宝钱和其他唐代钱币一样，背部会有一个突出的圆点，或有一条或几条弯曲的凸钱，或在孔上或孔下有一月牙，甚至还有浮云的标记，这种圆点和凸钱，钱币学上叫作星月纹。很多开元通宝的背面都有星、月、太阳等图案。开元钱的钱背星纹分穿上星

图1-28 开元通宝光背、背上星、背上月

纹、穿下星纹，月纹上弯叫仰月、下弯叫俯月、穿旁侧立称侧月（图1-28）。关于开元钱的月纹和浮云，史书上没有明确记载，以至给人留下了无尽的遐想。

《唐会要》上说：唐初铸开元通宝时，欧阳询进呈开元通宝钱的蜡样给唐高祖李渊，时为秦王妃的文德皇后长孙氏（唐太宗李世民的皇后）拿着蜡样端详，不留意在蜡样上掐了一个指甲痕，工匠以为是圣上的旨意，铸钱时不敢擅动，于是铸出的钱上面就留下了月形的痕迹。后来又有人说那指甲痕是太穆皇后窦氏（唐高祖李渊的皇后）掐的，因为铸开元钱的时候文德皇后已逝世，云云……还有人演绎了更为精彩、凄美的传奇故事：唐开元年间某年八月，唐玄宗李隆基在长安太液池的西岸筑了一座百尺高台，其台锦围绣绕，曰"赏月

027

台"。中秋月圆之时，唐玄宗（图1-29）与杨贵妃在赏月台上喝酒赏月，欣赏新谱的《霓裳羽衣舞曲》。恰宫中送来新铸开元通宝钱的蜡样请皇上过目，其时杨贵妃正在快乐之时，接过蜡样说："天上已有了一轮圆月，我就留下一枚弯月吧，希望陛下月圆不忘月弯时。"边说边用她尖嫩的小指在蜡样上悄悄掐了一下，留下了一个弯弯的月痕。唐玄宗也很快乐，忙对宫人说："就按贵妃掐的这个样鼓铸新钱吧，让全国人每天都能看到这一轮弯弯的月牙儿。"安史之乱时，杨贵妃含恨缢死在马嵬坡上。唐玄宗回宫懊悔不已，曾屡次派人寻找杨贵妃的尸体，却只是寻得一只弯月般的三寸金莲和数枚铸有月纹的开元旧钱。有诗人叹道："金钗坠后无因见，藏得开元一捻痕。"这些材料和传说都不是正史，猜想和臆造的成分较大，缺乏为信。

图1-29 唐玄宗像

开元钱上饰有月纹，应当与唐时的人们普遍存在的崇拜月亮的习俗和文明有关。我们从唐代的诗篇中就能够感受到那时人们对月亮是多么喜爱。他们咏月、颂月、赏月，诗赋中的名篇佳作更是连篇累牍，美不胜收。因为人们对月亮的喜爱，所以在铸钱的时候，为了标记不相同的炉

**知识小档案**

安史之乱也称天宝之乱，是由唐朝将领安禄山与史思明背叛唐朝后发动的战争，是唐朝争夺统治权的内战，为唐由盛而衰的转折点。这场内战使得唐朝人口大量丧失，国力锐减。

别或其他辨认、查验方面的因素，很自然地就用月亮、星星等形状做个象征或者记号。久而久之就形成了一种技术。

> **知识小·提示**
> 当你看到钱背上的这一弯月或星点时，联想到了什么呢？

开元通宝是唐朝最重要的钱币，开元通宝的创制与秦半两、汉五铢钱一样，是中国货币史上具有划时代意义的大事。从开元通宝之后，中国的钱币不再以重量单位作为名称，而改称"宝""通宝""元宝"等，并通常冠以年号。至此，我国的金属铸币正式由铢两为钱名的货币体系转变为以"文"为单位的年号、宝文体系，一直从两宋沿用至清末。

> **知识小·提示**
> 你能背出几首描写月亮的诗歌呢？
> 床前明月光，疑是地上霜。——唐·李白《静夜思》；
> 露从今夜白，月是故乡明。——唐·杜甫《月夜忆舍弟》；
> 海上生明月，天涯共此时。——唐·张九龄《望月怀远》；
> 春花秋月何时了？往事知多少。——南唐·李煜《虞美人》；
> 明月几时有？把酒问青天。——北宋·苏轼《水调歌头》；
> 春风又绿江南岸，明月何时照我还？——北宋·王安石《泊船瓜洲》。

唐开元通宝之后，钱币的铸造在宋代趋于规范：首先，钱币的名称由朝廷统一确定。宋代年号更迭频繁，钱币的名称多含年号，即年号钱，这一命名方式为后代所承。其次，宋代钱币有不同的当值，出现了折二、折三、折五、当十等钱，适应了市场流通的需要。第三，在币材上采取铜铁并用的政策，不同的区域流通不同的钱币，出现了铜钱区、铁钱区和铜铁钱兼行区等。此外，作为信用货币的纸币"交子"开始出现（图1-30），并得以广泛应用。

图1-30 北宋"交子"

元明清时期基本上是银、钱并用的时代。明朝中期因推行"宝钞",有几个年号很少铸钱,而清朝历代皇帝都新铸年号钱。清末机制货币的出现,是我国古代货币史上由手工铸币向机制货币的重大演变,流通了2000多年的圆形方孔钱逐渐退出了历史的舞台。

# 第二章
## 货币是如何制造的

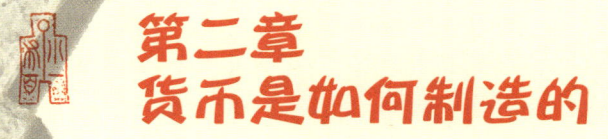

历史学家按人类使用材料的进步，把人类的发展历史分为石器时代、青铜时代与铁器时代。货币起始于原始商品，也是商品交换的产物，货币的发展无不打上了人类社会发展的烙印。天然海贝是古代最早的货币材料，是石器时代货币的典型代表。进入青铜时代后，人们用铜来仿制贝，标志着金属货币应用的开始。铁器时代的人们除了使用铜钱，又使用金银货币，宋代出现了纸币，清末出现了机制币。货币的材料是随着人类使用材料的进步而提升的，那这些货币都是如何制造出来的呢？这一章，我们将一一为大家解答。

## 1.金属钱币的铸造

中国的古钱币除了实物货币和纸币，几乎都是用金属铸造的。古钱币的铸造工艺历史悠久，采用的是冶铸法，包括范铸法和翻砂法两种铸造工艺。直到清朝末期，随着国外机制生产工艺的引进，采用机器制造钱币的方法才大为推广，并逐渐取代冶铸法。

### 范铸法

范铸法又称模铸法，是采用钱范铸钱的方法，是中国早期铸币采用的铸造方法。具体工艺是先制范，泥陶范需要在烘范窑里烘烤，用熔炉加热熔化金属，浇铸金属熔液入范内，等熔液冷却后，取出铸币，然后用一根方形铁条穿入钱中间的穿中，打磨钱边缘上的毛刺，铸币才算成型。范铸法铸钱分为阴文子范法和阳文母范法。

阴文子范法又分为：泥陶原范法、石雕原范法和铜铸原范法。泥陶原范法是东周时期的一种铸钱方法，先用细黏土制成所需钱范的外形，再刻出钱的阴文形状和文字，留出浇道，烘干后，便可铸钱。泥陶原范，一范一钱，需要毁范取钱，是先秦时期主要的铸币方法；石雕原范法与铜铸原范法的铸造原理相同，是在石范或铜范上雕刻出多个阴文钱形，在一端留有浇口、浇道，直接浇铸金属熔液，取出铸

> **知识·小档案**
>
> 钱范是古代铸钱工艺中所使用的范和模的统称。模是制范的工具，模中的钱文为阳文正书。范直接用于铸钱，在其型腔内浇铸金属液体，即可浇铸成钱币，范内钱文为阴文反书。钱范的好坏直接影响到钱币的铸造质量。

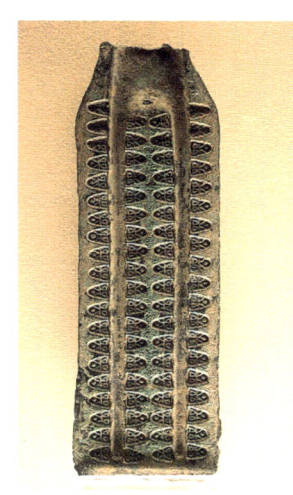

图2-1 战国楚蚁鼻钱铜范
上海博物馆藏

钱，加工后，才可作为流通用的钱币（图2-1）。这两种钱范可多次使用，而且一次铸钱的数量较多，大大提高了铸钱效率。

阳文母范法是出现在西汉以后的一种更为先进的铸钱方法。先制造出不同质地的阳文母范，再用阳文母范去制作多个阴文子范，将母范和子范叠合在一起，统一浇铸，取出铸钱后，再逐个打磨（图2-2）。阳文母范法的钱范不用接触高温，且经久耐用，因此一直流行到翻砂铸钱法问世。

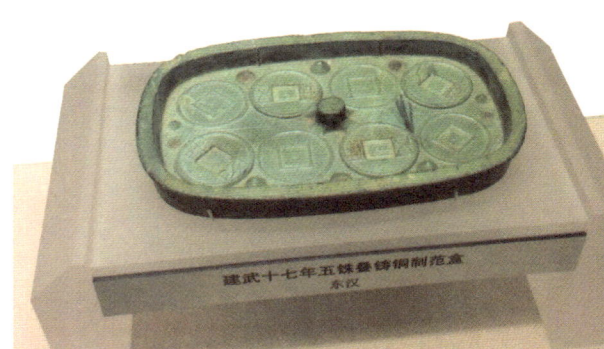

图2-2 东汉建武十七年五铢叠铸铜制范盒 上海博物馆藏

我们的先人用他们非凡的智慧和勤劳的双手，利用范铸法制作出了许多精美的钱币，其中珍品中的珍品就是王莽所铸的新朝钱币。首先，我们先来看一看这个钱范，此范为王莽铸造"大泉五十"所用的钱范（图2-3）。范内面自柄至尾有一道居中的纵向浇铸槽，浇铸口开在顶端。各模大小形制相同，雕篆书"大泉五十"钱文四字。此范制造端正，钱文字迹清晰规范，是当时钱范中之精品。如此精致的钱

图2-3 王莽"大泉五十"铜范 濮阳市博物馆藏

范，想必制造出来的钱币也一定不会差吧！

西汉晚期，王莽篡汉，改国号为"新"。王莽在位期间，托古改制，推行新政，史称"王莽改制"。改革币制为其重要内容之一。他废除了五铢钱，推行各种新币制，王莽改钱币名为"宝货"，分为"五物、六名、二十八品"。"五物"是说宝货的材质由金、银、铜、龟、贝五种材料组成；"六名"是说宝货的规格共有金货、银货、龟货、贝货、货泉和布货六种；"二十八品"是说宝货的种类分为金货一品、银货二品、龟货四品、贝货五品、泉货六品、布货十品，总共28种样式（图2-4）。其形式

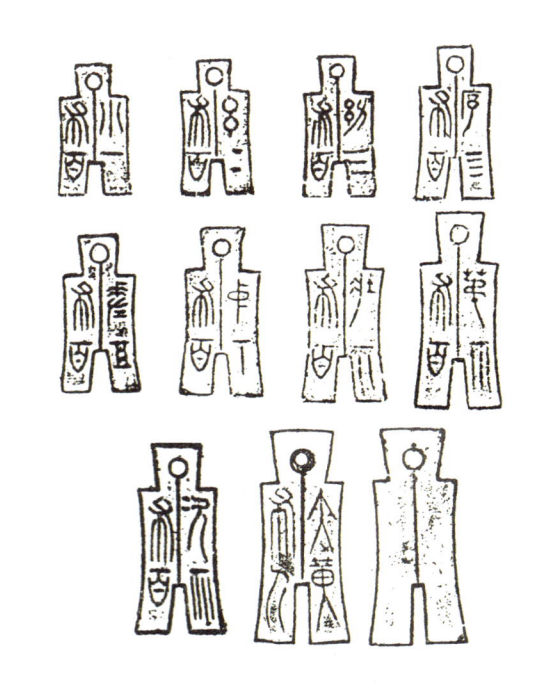

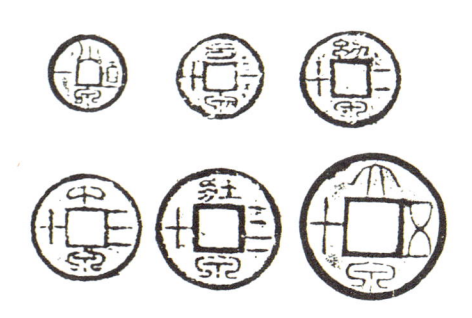

图2-4 王莽布货十品和泉货六品 青岛市博物馆藏

模仿周制，等级庞杂，价值不一，使用不便，最高者黄金一品，值万钱，布钱大的值千钱，泉货小的值一钱。王莽的币制改革引起市场混乱，不足值的大额货币泛滥，导致经济的极大混乱，不久即告失败。

新莽钱币在工艺上非常精细，特别是"一刀平五千"（图2-5）的错金技术，已经达到炉火纯青的地步。环柄为一方孔圆钱，环文上

曰"一",下曰"刀",字为阴刻,字陷处填以黄金,并且加以打磨,使字面与钱面平齐,"一刀"两字可发出黄金般的光彩。刀身上铸有阳文"平五千"三字,其中"平"是"值"的意思,即表示一枚大钱的价值相当于五千个五铢钱。币面铭文"一刀平五千"五字书写流畅,气势生动,毫不呆滞,承袭了战国时期币面铭文"一笔过"的特征,新莽钱币,钱文纤细,工艺讲究,钱币版别较多,但钱文大体以悬针篆为主,文体有精有粗,粗者文字平夷,制作较逊,精者轮廓斜削,笔划细挺。"一刀平五千"是世界上第一枚双色金属钱币,在我国货币史上占有一席之地,后世人们将其当成工艺品来收藏。

图2-5 王莽"一刀平五千"
中国国家博物馆藏

### 知识·小·提示

有许多诗人写诗赞美新莽时期的"一刀平五千":
美人赠我金错刀,何以报之英琼瑶。——东汉·张衡《四愁诗》;
金错囊从罄,银壶酒易赊。——唐·杜甫《对雪》;
尔持金错刀,不入鹅眼贯。——唐·韩愈《舩诗》。

### 翻砂法

翻砂法铸钱工艺最早可以追溯至北朝,到宋代工艺已非常成熟,并一直沿用到机制法铸钱的出现为止。始铸于武德四年的"开元通宝"钱制作精良,是母钱翻砂法铸钱的样板钱。翻砂法铸钱大大提高了钱币的铸造量,是钱币铸造工艺的一大进步。

明代宋应星在《天工开物》中详细记载和描述了母钱翻砂法的工

艺过程：用四根长一尺一寸、宽一寸二分的木条围成空框，作为铸钱模，框中填实极细的土炭末。上面微微撒点杉木炭灰或柳木炭灰，或用松香与清油熏模。然后将一百文母钱置于上面。再用同样的方法填实一框，合盖在上面，成为钱的背框。覆转两框，则母钱落在后框上。又用一框填实，合上后框，转覆。这样合成数十框，用绳捆紧固定，将熔化的金属熔液灌注在木框上弦留出的铜眼孔中。待冷却后，打开框子，则出现树枝状的钱。将钱夹出逐一摘断，磨锉加工，便制作出一枚枚的钱币（图2-6、图2-7）。

> **知识·小·档案**
> 
> 《天工开物》初刊于明崇祯十年（1637年），是世界上第一部关于农业和手工业生产的综合性著作，是中国古代一部综合性的科学技术著作，外国学者称它为"中国17世纪的工艺百科全书"。

图2-6 《天工开物·铸钱图》　　　　图2-7 《天工开物·锉钱》

清代文献也有相关记载，如对铸钱工序的记载："凡铸钱先斩凿块铜曰祖钱，乃铸无文而环者曰母钱，然后印铸函方而成制钱。凡铸冶之工八，曰：看火、翻沙、刷灰、杂作、锉边、滚边、磨钱、洗眼，治之各以其序。"单从工序上说，较宋应星更为详细。这里"工八"应该是铸钱的主

要工序，其中"看火"可能是铜料的制作工序，"翻沙、刷灰"是沙型铸模的制作工序，"锉边、滚边、磨钱、洗眼"等是钱币的打磨工序。

这枚"祺祥重宝"当十雕母就是清代翻砂法铸钱的见证（图2-8）。大家看到"祺祥"这个年号会不会感到很陌生？我们看过的清宫剧中没有用这个年号的皇帝呀！祺祥是清同治皇帝第一个年号，定于咸丰十一年七月二十六日，废于同年

> **知识·小档案**
>
> 雕母又称为"祖钱""雕祖"，是翻砂铸币首要程序的产物。由古代负责雕刻的工匠，用精良材料雕刻而成。祖钱在雕刻成功后，需要上交朝廷进行审定，审定后便可用以铸造母钱。

图2-8 祺祥重宝当十雕母 中国国家博物馆藏

> **识小档案**
>
> 辛酉政变是清最高统治集团争夺执政大权的宫廷政变。1861年，咸丰帝病死于热河避暑山庄行宫（在今河北承德），御前大臣载垣、肃顺等八大臣与新皇帝载淳的生母皇太后叶赫那拉氏（慈禧太后）产生严重矛盾，叶赫那拉氏鼓动咸丰帝皇后钮祜禄氏（慈安太后）与八大臣争权，授意御史董元醇上朝奏请由皇太后垂帘听政，随即遭到八大臣抵制。另一方面，宗族中比较亲近的恭亲王奕䜣与咸丰朝顾命大臣僧格林沁和军机大臣文祥等人被排斥在最高权力之外，亦极为不满。于是叶赫那拉氏与奕䜣等人联合发动政变。从此，慈禧、慈安两太后开始垂帘听政。

十月五日，因慈禧太后发动辛酉政变而废止，仅存69天，是我国历史上少有的短命年号。因此祺祥钱铸行时间短促，所铸多为样币，流通币几乎全部收回损毁殆尽，因而传世甚少，极难见到。祺祥钱分"祺祥通宝"和"祺祥重宝"，此钱做工较精整美观，因存世较少为人所重视。

如果说祺祥重宝当十铜钱比较珍贵，那么祺祥重宝与同治重宝的合背钱则更加珍贵（图2-9）。所谓合背钱，是指误用二件面范（铸钱模具中的面模）铸成的钱，双面均有钱文；大多出自各个朝代的中晚期，是我国古钱币中出现的特殊现象，也是比较稀少的版别，受到钱币界的普遍重视。祺祥重宝与同治重宝合背钱，一般认为，其正、反面的年号不同，是由于"祺祥"钱改铸"同治"钱时，因时间仓促，铸量剧增，铸工在操作忙乱中出现误用钱范，或有意用错钱范。加上检查不严，错范的祺祥重宝与同治重宝合背钱便流入了市场。这正是清朝晚期政治没落，吏治腐败，纲纪松弛，钱法混乱的体现。祺祥重宝与同治重宝合背钱和宝源局祺祥重宝当十铜钱一道，共同见证了刀光剑影、阴险黑暗的清末宫廷政变，"以钱证史"的重要意义得到彰显。

图2-9 正"祺祥重宝"背"同治重宝"合背钱

综上，范铸法所得钱币质量高低的关键在于钱范的精准度。所以范铸法铸钱的主要标志是钱范。翻砂法，没有脱离范铸法铸钱的基本原理，只是以母钱代替了钱范中的钱模，以砂替代了范。所以，翻砂法铸钱的主要标志就是母钱。

用范铸法和翻砂法除了可以铸造铜钱外，在某些历史时期还会铸行金银钱、铁钱、铅钱等。用铜铸币，是因为青铜的熔点低、硬度大、可塑性强、耐磨耐腐蚀、色泽光亮且化学性质稳定等一系列的优点。用金银铸币，主要用作大额支付和储藏，有时也当作赏赐、玩耍用的宫钱使用，如唐金质开元通宝（图2-10）。而铸造易锈易腐蚀的铁币和质地松软易损的铅币则是不得已而为之的结果。铁钱和铅钱是以青铜铸币为主币的中国封建社会货币与商品经济的矛盾相对尖锐化时期的产物。但不同的时期，铁钱和铅钱产生的

**图2-10 唐金质开元通宝**

**图2-11 西汉铁五铢钱**

原因，亦有其时代的特殊性。如西汉初期生产铁钱的直接原因是因为民间私铸谋利，如五铢钱的铸造。（图2-11）；而宋代则为铜铸币无法满足商品市场对货币的需求量，四川才开始多铸铁钱、铅钱用以补

2-12 北宋崇宁通宝、崇宁重宝铁钱

图2-13 清咸丰重宝当十铁钱

充铜币的不足，如北宋崇宁通宝、崇宁重宝铁钱。（图2-12）；清咸丰年间则是因为太平天国农民起义爆发，滇（云南）铜北运受阻，加上外辱频繁，清政府发生财政危机，筹措军费困难，不得以发行铁钱，这是清晚期内忧外患历史的真实写照，如清咸丰重宝当十铁钱（图2-13）。

## 2.金银货币的铸钤

人们常常爱说"真金白银"，说明金银的财富属性是一种历史习惯，正如卡尔·马克思所讲："金银天然不是货币，但货币天然是金银。"人类最终选择金银作为货币来进行价值交换，具有其历史必然性。在中国，商后期已使用黄金。到春秋战国时期，楚国的黄金使用已为普遍。秦始皇统一全国后，把货币分为两种，黄金为上币，半

两钱为下币。至汉代，除五铢钱外，还有法定的黄金货币金饼、马蹄金、麟趾金、金五铢和白金（即银）三品等。唐宋元明清历朝历代都是金银锭形货币的身影，隋唐以前称之为"金银饼""金银铤"，宋以后改称"金银锭"，元代于金银锭之外总称"金元宝""银元宝"，明清两代均沿用"元宝"一词。

在传统铸造技术的背景下，中国古代金银货币是采用范铸技术用特定的模具浇铸成型的。下面我们以银锭为例，在对历代银锭的铸造特征进行了细致的观察和工艺剖析之后，结合近年来考古出土的银锭范模和有关银锭制作的文献资料，将银锭铸造的工艺流程总结如下：首先是制作铸锭用范。根据具体锭形，先用黏土或木材等制作成形状与银锭相同的范芯和带内腔的外范，然后在砂箱中压出相应的型腔，填入芯范，再用砂压紧填实，浇入铁水，得到铸造银锭用的铁范。之后将银料加热熔化成液态后，将银液倒入铁范，浇铸得到所需银锭，银锭铸好后需要制作戳记，有錾刻、戳印等方式在银锭表面印出铭文。

### 最早的黄金货币——楚金版

战国时期，在长江中下游地区的楚国已进入到使用黄金的初级阶段。楚地盛产黄金，故而大量铸造黄金并发行货币。楚国的黄金货币选用品相好的天然金块熔铸而成，称为"金版"，又称"金印子""印子金"，形状有龟背形、长方形、圆饼形等，钤（qián）有阴文印记，形似印章。金版是一种称量货币，使用时根据需要分割成小块，称量支付，不具有金属铸币的面额价值。早在宋代就有了关于楚金版出土的记载，沈括在

**知识·小档案**

《梦溪笔谈》是一部涉及古代中国自然科学、工艺技术及社会历史现象的综合性笔记体著作。作者为北宋科学家、政治家沈括。该书在国际亦受重视，英国科学史家李约瑟评价为"中国科学史上的里程碑"。

图2-14 战国楚"郢爰"金版 南京博物院藏

《梦溪笔谈》中记载："寿州八公山侧土中及溪涧之间，往往得小金饼，上有篆文'刘主'字，世传'淮南王药金'也。得之者至多，天下谓之'印字金'是也"。金版印文中，大多铸有楚国地名，有"郢爰""陈爰""鬲爰""卢金""颍""寿春""郢称""专铻"等，皆为阴文，也有一些无印文。"郢爰"是楚金币中出现最早，当今出土最多的一种，因而多作为楚国黄金货币的代表（图2-14）。"郢"为楚都城名，"爰"（yuán）为货币重量单位，或释作"锊"，通"锾"，意为称量货币。

楚国的金版是中国最早的黄金铸币，是中国钱币上的里程碑。我国不但是最早使用金属铸币的国家，也是最早使用黄金作为货币的国家。

### 汉代马蹄金和麟趾金

关于汉代马蹄金和麟趾金的铸造，据《汉书·武帝纪》载，在太始元年（公元前96年）三月，汉武帝下诏："有司议曰，往者朕郊见上帝，西登陇首，获白麟以馈宗庙，渥洼水出天马，泰山见黄金，宜改故名。今更黄金为麟趾褭（niǎo）蹄以协瑞焉。因以班赐诸侯王。"很明确，麟趾马蹄金是汉武帝感于祥瑞频现而铸的纪念物，以

图2-15 西汉海昏侯墓出土"上"字马蹄金 南昌汉代海昏侯国遗址博物馆藏

"班赐诸侯王"。西汉的黄金货币需要称量交易，重量比较规范，很少被切割。其中金饼和马蹄金的底部还标有重量。

2015年在南昌西汉海昏侯墓考古发掘现场，考古工作者在对海昏侯墓主椁室文物集中提取时，共出土了285枚黄金饼，创下了"汉代考古之最"，33枚马蹄金、15枚麟趾金以及20块金板，细细算一下，海昏侯墓出土的黄金器已经达378件之多（图2-15）。其中，马蹄金分大小两种，大马蹄金分别刻有"上""中""下"文字，对此专家还未得出完整结论。南昌汉代海昏侯国遗址考古发掘取得了丰硕成果，媒体和社会公众反响热烈，该成果被评为"2015年中国考古六大新发现"。

### 知识小·提示

关于大马蹄金上刻的"上""中""下"文字，你有什么想法呢？有的专家认为可能与同时期的白金三品将白金分三等的做法相似，可能是武帝在铸造马蹄金时是以上、中、下加以区分。

### 唐宋元明清的金银铤、锭、元宝

关于金银锭形货币，唐宋元明清各个时期均具有特定的外观结构，即由线型、平面型和曲面型三类特征分明的基本几何要素组成。如唐代船形金银铤的平面型底部、两翼和底部四周都有立线型外脊；宋代银铤有平面型特征，束腰则呈光滑曲面型（图2-16）；元朝至元三年（1266年）开始，元代银锭上自名"元宝"两个大字，意思是"元朝的宝货"，这是中国称银

### 知识小·档案

1933年3月10日，国民政府财政部发布《废两改元令》，规定所有公私款项收付、契约票据及一切交易一律改用银币，不得再用银两，改用银元。

锭为"元宝"的开始。明代银锭又称"马蹄银",呈马蹄形,明代银锭底部、腰部和双翅,轮廓分明,各部分的分界面明显且有圆角过渡,呈现出不同的曲面特点。清代银两制度有了很大发展,多以马蹄形的元宝为主,也称为"宝银"(图2-17)。银锭形式繁杂多样,大体可分为元宝形、圆形、长方形、正方形、砝码形、牌坊形等几大类。鸦片战争后,外国洋银(银元)大量流入,1933年宣布废两改元后,银两不再使用。

图2-16 南宋"苏宅韩五郎"十两金铤 浙江省博物馆藏

图2-17 清咸丰七年江海关银元宝锭 上海博物馆藏

## 3.纸币的出现

纸币又叫钞票，是代替金属货币执行流通手段的由国家发行的强制使用的价值符号。纸币是一种象征性货币，它是社会商品经济发展到一定阶段的产物，也是中国对人类文明和世界经济的一大贡献。

纸币诞生于中国，与中国古代四大发明中的造纸术和印刷术两项发明有着密不可分的联系。造纸术在中国西汉时已兴起，到东汉时期蔡伦又有所改进，到唐代已能制造以木本植物为原料的纸。纸张的制造技术是从四川地区发展起来的，经五代到北宋，为四川地区产生世界上最早的纸币奠定了物质基础。印刷术一般认为起源于唐代，北宋时四川成都的印刷业十分繁荣，则又为纸币的产生创造了技术条件。

古代纸币的印刷大都采用套印工艺，即多色套印。根据对套印工艺的研究可知，纸币套印工艺相当繁复，其流程大致如下：首先设计纸币的彩色图稿，再按照设计图稿上的设色，将图稿按色分区，并分别制作一块印版。印刷时，将印版固定在指定位置后刷上相应的色墨进行刷印。印完一种颜色后拆下印好的印版再换上其他印版，按上述步骤印刷另一种颜色，有多少种颜色便重复多少次。从技术上分析，其工艺特点可归纳为按色分版、一色一版、一版一印、多版套印。

北宋时期产生了世界上最早的纸币——"交子"（图2-18）。最常见的是朱墨二色套印，即铜币图案部分一般为大红色油墨所印，而中间的文字部分一般为黑色油墨所印。印版的制作使用的是雕刻凹版工艺，材料多为铜版。版面为竖长形，长16厘米，宽9.1厘米。上半部刻着"除四川外许于诸路州县公私从便主管并同见钱七百七十陌流转行使"29个字。下半部刻有房屋、人物和成袋的包装物以及三个人正在房屋外面空地上背运货物等图形。

我国自从使用了纸币"交子"以来，制造假币的活动就频繁出现。面对日益增长的纸币造假行为，历代人们使用了各种各样的防

图2-18 北宋"交子"铜印版及印样 中国印刷博物馆藏

伪办法，可以归纳为以下几种：①在民间设立辨钞专员：当时各地官府都在钱局设有辨钞专员，专门帮助人们识别纸币真假，普及推广相关的知识，提高寻常百姓辨别纸钞真伪能力。②印制图案：北宋的交子图案一般采用"屋木人物"组成，外做花纹边框。这些图形相对复杂，增加了模仿的难度。加上"辅户押字，各自隐密题号，先墨间结"是一种非常有效的防伪手段。③使用官印：私印官印的行为在当时的社会是最为严重的违法犯罪，所以在交子上印制官印，以此方法抵御防伪之风。天圣元年（1023年）开始发行的官交子，作为防伪措施，上面盖有两颗官印：一为"益州交子务"；一为"益州观察使"。④使用多色套印工艺：交子印刷时，为了安全防伪，从最初的朱墨相间，到后面的采用红、蓝、黑等多色套印，套印花纹图案及官方印章。通过复杂的工艺提高伪造者的模仿难度。这种工艺也是现代双色及多色套印印刷技术的开始。⑤精选纸张：宋代时，人们开始选用楮树皮制造的"楮皮纸"专门用于印制钞票,所以也叫作楮币、楮券,同时规定民间团体以及个人都不得私自采购这种专用纸。元代钞纸主要用桑皮造;明代钞纸也用桑皮造,但取桑树的第二层皮,这是制造皮纸的上等原料。同时,大量使用废弃的公文纸打浆作为配料。这也是最早的通过使用特殊的承印物来实现印刷防伪的方法,是现代各式各样的承印物防伪的雏形。

### 纸币"交子"的产生

说到纸币的产生,要从唐代中期说起。唐宪宗年间,商人在外做买卖时不方便随身携带大量钱币,于是他们在京城把货物卖出去以后,将钱交给各道(相当于现在的省)驻京的进奏院(相当于驻京办事处),取得收据后一分为二,回本道后,两个半张合券取钱,这种看起来像是在收据上飞来飞去的钱,被称为"飞钱"(图2-19),亦称"便换""便钱"。"飞钱"实质上只是一种汇兑业务,它本身不介入流通,不行使货币的职能,因此不是真正意义上的纸币。

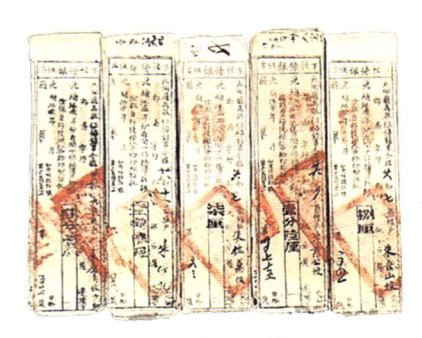

图2-19 唐代"飞钱"

唐代衰亡后,进入了军阀混战阶段,中国又一次进入自魏晋南北朝以来的大分裂时期,史称"五代十国"。直到960年,后周赵匡胤发动陈桥兵变,建立宋朝,五代才算结束。宋朝(960~1279年)分北宋和南宋两个阶段,是中国历史上承五代十

**知识小档案**

陈桥兵变是赵匡胤发动的取代后周、建立宋朝的兵变事件。赵匡胤率军行至陈桥驿,密谋策划发动兵变,众将以黄袍加在赵匡胤身上,拥立他为皇帝。随后,赵匡胤班师回朝,胁迫后周皇帝禅位。黄袍加身的典故由此而来。

国下启元朝的朝代。

到了北宋年间，随着交换的发达，货币流通额日益增加。宋太宗时，年铸币八十万贯，以后逐渐增加。由于铸钱的铜料紧缺，政府为弥补铜钱的不足，在一些地区大量地铸造铁钱。商业繁荣的益州（今四川成都）是当时盐、茶叶、丝绸的重要产地，货币流通量很大，由于铁钱非常笨重，需肩挑车载，使用起来极为不便，在四川买一匹罗（丝织品），要付一百三十斤重的铁钱。随着商品经济的发展，铁钱不便流通的弊病越来越突出，遂促成代替铁钱的纸币——"交子"在四川诞生。交子的出现，是我国古代货币史上由金属货币向纸币的一次重要演变。

最初的交子是由商人自由发行的，实际上是一种存款凭证。北宋初年，四川成都出现了为不便携带巨款的商人经营现金保管业务的"交子铺户"。存款人把现金交付给铺户，铺户把存款数额填写在用楮纸制作的纸卷上，再交还存款人，并收取一定的保管费。这种临时填写存款金额的楮纸券称为交子。

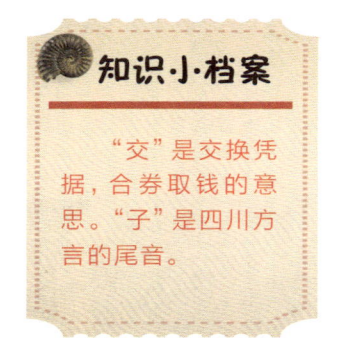

> **知识·小·档案**
>
> "交"是交换凭据，合券取钱的意思。"子"是四川方言的尾音。

随着市场经济的发展，交子的使用也越来越广泛，许多商人联合成立专营发行和兑换交子的交子铺，并在各地设分铺。由于铺户恪守信用，随到随取，交子逐渐赢得了很高的信誉。商人之间的大额交易，为了避免铸币搬运的麻烦，也越来越多地直接用交子来支付货款。后来交子铺户在经营中发现，只动用部分存款，并不会危及交子信誉，于是他们便开始印刷有统一面额和格式的交子，作为一种新的流通手段向市场发行。正是这一步步的发展，使得"交子"逐渐具备了信用货币的特性，成为了真正的纸币。

宋仁宗天圣元年（1023年），政府在成都设益州交子务，由京朝官一二人担任监官主持交子发行，并"置抄纸院，以革伪造之弊"，严格其印制过程。这便是我国最早由政府正式发行的纸币——"官交子"。它比美国（1692年）、法国（1716年）等西方国家发行纸币要早六七百年，因此交子不但是我国最早的纸币，也是世界上最早出现和流行的纸币。

"官交子"发行初期，其形制是仿照民间的"私交"，面额依然是临时填写，加盖本州州印，只是分了一定等级，从一贯到十贯。并规定了流通的范围。从宋仁宗（1039年）起，一律改为五贯和十贯两种。到宋神宗（1068年）时，又改为一贯和五百文两种。发行额也有限制，规定分界发行，每界三年（实足二年），界满兑换新交子。后来因供应军需超额发行，交子严重贬值。交子的流通范围也基本上限于在四川境内，后来虽在陕西、河东有所流通，但不久就废止了。

两宋时期出现的纸币还有"钱引""关子""会子""川引""淮交""湖会"等，都是当时对票据、证券、兑换券类的俗称。

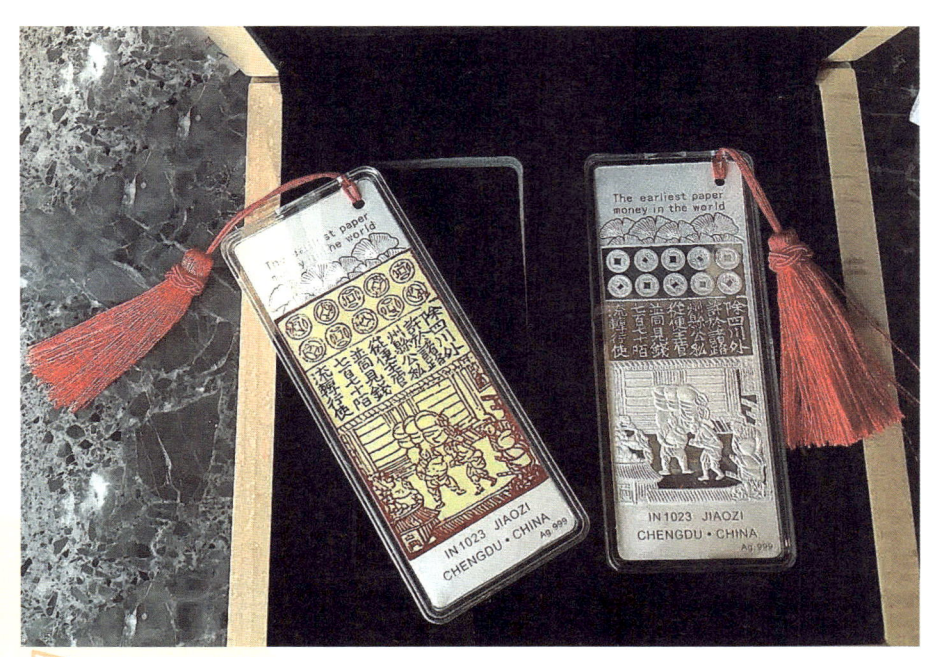

图2-20 北宋四川交子书签

四川的交子以别样的风采曾亮相于2016年第三次G20（Group20，二十国集团）峰会。世界上最早使用的纸币——交子的图案，被印制成一套精美的书签，送给各国嘉宾（图2-20）。交子作为世界首款纸钞，不仅代表着世界纸钞的发展和起源，也体现了古人的创造力和智慧。

### 滥发纸钞的危害

宋代以后，金、元、明、清各朝都有发行自己的纸币，发行纸币在货币史上虽是一个进步，但历代统治者无不利用它来剥削掠夺人民而使纸钞崩溃。如金代和元代的交钞、明代的"大明通行宝钞"（图2-21）、清代的"户部官票"（2-22）和"大清宝钞"（图2-23）。这些纸币的发行，最后的归宿都是贬值再贬值，引发经济崩溃，最终导致朝代灭亡。

金代到了金宣宗时，被蒙古大军围攻内外交困，政府财政开支大增，通过印制大额交钞，大肆搜刮民脂民膏。仅在金宣宗统治的十年间，纸币急剧贬值，近于废纸。

元代进一步完善了纸币制度。意大利旅行家马可·波罗来到中国后，发现了元代使用的纸币，于1298年撰写的《马可·波罗游记》中，详细介绍了中国纸币印制工艺和发行流通的情况。从此，欧洲人才了解了纸币。欧洲第一张纸币是由斯德哥尔摩银行（瑞典银行前身）于1661年发行的。

元末政治腐败，财政入不敷出，寺庙供养钱大肆横行，政府只好靠滥发纸币来弥补，引起物价飞涨。加上黄河泛滥需要开辟新河道，天灾人祸，故称"开河变钞祸根源"。为恢复纸币的信用，元顺帝铸行了"权钞钱"，但也于事无补。可见混乱的货

> **知识小档案**
>
> 开河变钞，是指元朝末年政府下令开黄河新河道，和大量发行纸钞，造成元末社会矛盾进一步激化。

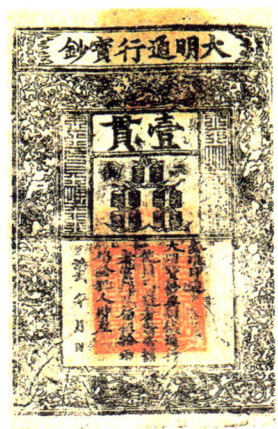

图2-21 大明通行宝钞
中国国家博物馆藏

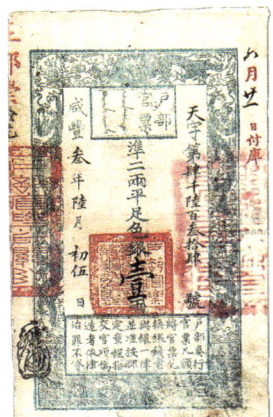

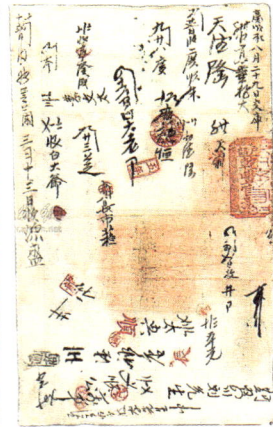

图2-22 户部官票

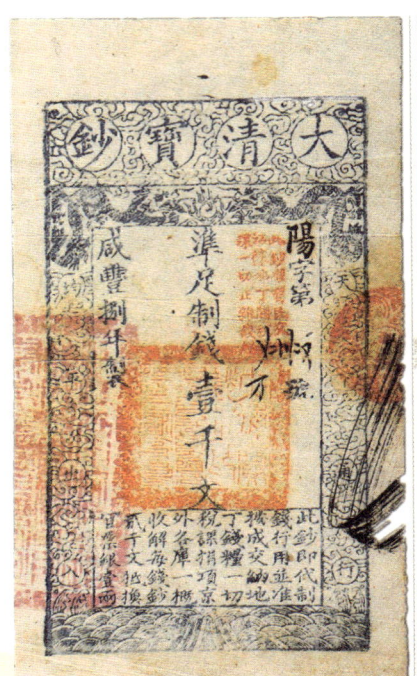

图2-23 大清宝钞

币制度与元朝灭亡有很大关系。

明朝初期，明太祖朱元璋在洪武八年正式发行了明朝官方发行的唯一一种纸币——"大明通行宝钞"，与铜钱并用。后因滥发纸币，导致通货膨胀，民怨沸腾，于正德年间（1522年）废止。明中叶嘉靖年后，宝钞已不能通行，民间主要用白银和铜钱。

清代发行的纸币品种复杂，有官钞和私钞之分，官钞即由官府金融机构发行的"户部官票"和"大清宝钞"，私钞是清末由民间金融机构如钱庄、钱铺、钱店、银号印发的钞票。私人钱庄印制的银钱票，印刷简单，质量粗糙，票面金额数字多用手写，缺乏必要的防伪措施，使得当时纸币的使用更加混乱。

综上所述，从两宋到明清，纸币的产生与流通到明清纸币制度的确立，是中国货币发展史上的重要篇章。

## 4.机器制造货币的开始

机制币，顾名思义是指用机器打制的而非手工制作的各种金属货币。相对于我国两千多年历史的传统金属铸币，机制币到目前也仅有一百多年的历史。直到清朝光绪末年，我国才仿照西方国家的工业模式，学习西方货币的铸币技术，引进机械冲压设备，开办了专门生产冲压型钱币的造币工厂。一般认为，与传统手工范铸币或翻砂铸币相比，二者有两点不同：一是铸币技术上改手工铸造为机器生产；二是形制上改传统的圆形方孔钱为圆形无孔钱。

机制币的主要制作工艺是采用机器冲压铸造钱币。机制币发展的前期，铸品形制上基本一致，而且具有相当大的规模。此阶段的制作工艺是在金属冶炼熔化成半流体状态时，通过机械动力，在模具中压铸成型，现在称之为钢模铸压工艺，简称为机铸工艺。在此工艺中，材料从熔点到凝固的冷却过程，金属出现收缩现象，反映在钱文的字体笔画和线条图案的突出部位上，仔细观察这些地方，就会发现突出的线条上部有较明显的收缩圆角，而且底部与钱肉相联处与原翻铸工艺有很大差别。到了二十世纪，随着世界工业技术的发展，机械设备压力增大，模具精度提高了，钱币机制工艺从机铸发展到机压，对加工工艺而言，就是从热压加工过渡到冷压加工工艺。机械冲压工艺就是金属板材不需加热，通过机床设备模具直接冲压成型，这种冲压产品外形精美，图案、线条、字体棱角分明，深峻立体，无金属收缩现象，只有轻微拔模斜角，但用肉眼很难观察到了。

机制币的制作与流通，改变了传统低效的手工铸钱方式，节省了成本，提高了工效，增加了产量，同时通过机器铸钱来解决长期以来难以根治的私铸问题。

### 清末开铸机制币

谈到开始铸造机制币的时代背景，首先要讲到我国近代史的开端。1840年，西方列强用坚船利炮打开了中国闭关锁国的大门，使中国沦为半殖民地半封建社会。从签署近代史上第一个不平等《南京条约》开始，赔款用的银元都是"洋钱"，当时的中国还没银元。库存洋钱不足抵消数目剧增的对外赔款，于是迫使清末政府开始自己铸造银元。

清朝末期，随着国外先进科学技术的逐渐传入，中国的人工浇铸钱币工艺受到冲击。洋务运动的主要领导人之一、两广总督张之洞于光绪十三年（1887年）奏准创建广东造币厂（图2-24），在国外购买造币机器，由光绪十五年（1889年）开始用机

> **知识小档案**
>
> 银元俗称"洋钱"、"花边钱"或"大洋"，银元起源于15世纪的欧洲，是银本位制国家的主要流通货币。大约在明万历年间（1573~1620年），在对外贸易中，外国商人用他们的银元购买中国丝、茶、瓷器等，使各种外国银元开始流入中国。

图2-24 广东造币厂

器制造机制造无孔当十铜元。因制造者获利丰厚，各省纷纷仿效。这是我国钱币史上"机制币"的开始。

> **知识小档案**
>
> 　　洋务运动，是指1861年至1894年，清朝政府内的洋务派在全国各地掀起的"师夷之长技以制夷"的改良运动，持续了近35年。以恭亲王奕訢、李鸿章、曾国藩、张之洞、左宗棠为代表的洋务派官员主张摹习列强的工业技术和商业模式，利用官办、官督商办、官商合办等模式发展近代工业，以获得强大的军事装备、增加国库收入、增强国力，维护清廷统治。对中国迈入现代化奠定了一定基础。

清光绪十五年（1889年）始铸的光绪元宝银币，正面铸有铭文，顶部铸楷体"××省造"或"造币总厂"，底部铸货币价值如："库平七钱二"，中心直读"光绪元宝"四字，币中心为满文"光绪元宝"。银币背面一般铸有蟠龙图，故俗称"龙洋"（图2-25）。清光绪二十六年（1900年）始铸大清铜币，学名清代机制铜圆，钱面中央有"大清铜币"四个汉字，内嵌一小字代表地名，上端是满文"大清铜币"字样，两侧为年份。边缘中间分别有"户、部"二汉字，下端为"当制钱十二文"。钱背中央为蟠龙，上端是"光绪年造"，下端英文"TAI CHING-TI-KUO COPPER COIN"字样（大清帝国铜币）（图2-26）。

图2-25 广东省造光绪元宝银币

图2-26 丙午"淮"字大清铜币二十文 上海博物馆藏

机制的银元、铜元中间无孔，与历代的方孔铜钱不同。清末机制货币的出现，标志着我国金属货币铸造工艺从传统的手工翻砂铸造进入先进机器化生产的重大演变。从此，不但铸造货币的工艺发生重大变化，而且流通二千多年的圆形方孔钱寿终正寝。

### 民国纷繁"袁大头"

1911年，孙中山发动辛亥革命后，建立中华民国，出任临时大总统，提出把铸币权集中到中央政府，下令江南造币厂归属财政部管理，并着手整顿币制。不久，袁世凯在中外反动势力扶植下，窃取了中华民国"临时大总统"的职位。袁世凯就任后，内外交困，政治混乱，军阀割据，市场上流通的中外货币在百种以上，且各有各的流通范围，规格不一，折算烦琐，不利于税收、发饷和交换。当时的市场上能见到镌刻老鹰和蛇的墨西哥银元"鹰洋"，镌刻不列颠女神的英国银元"站洋"，镌刻"光绪元宝"字样的清末银元"龙洋"，两广地区铸造的面值为两角或一角的银元"毫洋"，四川军政府铸造的面值为一元的银元"厂洋"。在大宗交易中，还能见到五十两一锭或者十两一锭的元宝。有些银元只能在某些区域流通，如四川军政府铸造的"厂洋"，在四川、云南和西藏叫得响，拿到北平（今北京）没人要，这些货币只能区域流通，在异地使用就得兑换，当时的钱铺、钱庄和银号就是兑换的地方。

袁世凯为了解决币制混乱的问题，特别是为解决北洋政府的军费，巩固统治，为"制宪"和"称帝"做准备，同时趁此机会把自

> **知识·小档案**
>
> 辛亥革命是指发生于中国农历辛亥年（清宣统三年），即1911~1912年初，旨在推翻清朝专制帝制、建立共和政体的全国性革命。它推翻了在中国统治已久的清朝，结束了两千多年的封建君主专政制度，建立了第一个资产阶级民主共和国。

己的头像铸于币面（图2-27），以此提高其政治地位，于是决定在全国废除各省造币权，"统一币制"。民国三年（1914年）二月七日，袁世凯以大总统令公布了《中华民国国币条例》及《国币条例施行细则》。其要点是：国币铸发权专属于政府；旧有各官局所铸发的壹圆银币，政府以国币兑换改铸，但于一定期限内，与国币壹圆为等同价格；国币以壹圆银币为主币，重量为库平纯银六钱四分八厘，以银九、铜一（后改为银89%，铜11%）铸造后总重量为七钱二分；国币壹圆银币的形式，以总统令颁定，并正式确定正面镌袁世凯侧面头像及发行年号，背面铸嘉禾纹饰与币值；国币种类包括银币四种：壹圆、半圆、贰角、壹角；镍币一种：五分；铜币五种：二分、一分、五厘、二厘、一厘。国币计算采用十进位制，每圆十分之一称角，百分之一称分，千分之一称厘。《国币条例》公布后，袁世凯下令边大量收购旧币，边在天津造币总厂和武昌、广州、南京等分厂按统一规格与重量，铸造袁世凯头像银币，通用全国，逐渐取代清政府的"大清银币""光绪元宝"等银币。至此，民国三年"袁大头"银元真正成为通行全国

图2-27 民国三年"袁大头" 中国钱币博物馆藏

### 知识·小·档案

所谓"袁大头"，是指正面镌有袁世凯侧面像，背面铸有嘉禾图样的银币。它是北洋政府在民国三年二月公布《中华民国国币条例》时所确定的国币，是我国铸量最多、流通时间较长的银元，在中国货币史上有着特殊的政治意义和历史地位。

的流通主币，实为银元流通我国数百年来，中国真正自行铸造并通用全国的国家银元，是名副其实的本位国币。随着各地军阀逐步走向衰落，国民政府开始了统一币制、控制金融的政策，这一时期国民政府主要发行纸币，银元、铜元逐渐被镍币所取代，逐步退出流通舞台。

  其实，机制币在我国发行流通时间尚短，它在我国货币发展的历史长河中，仅是十分短暂的一瞬间，但中国机制币的产生和发展见证了中国从封建社会演化为半封建半殖民地社会的历史过程，是中国近代货币史和钱币学的重要组成部分，有着不可磨灭的影响。

# 第三章
# 货币告诉了我们什么

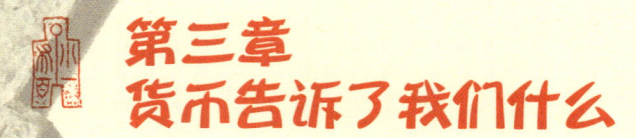

我们的祖先把几千年的文化，都凝聚在一枚枚小小的铜钱中。细细品味每一枚钱币，我们都能从中观察到点什么，了解到点什么，探知到点什么。也许这就是货币的魅力所在吧。下面请大家跟随我们的视角，从"钱眼儿"中望去，你能看到什么呢？

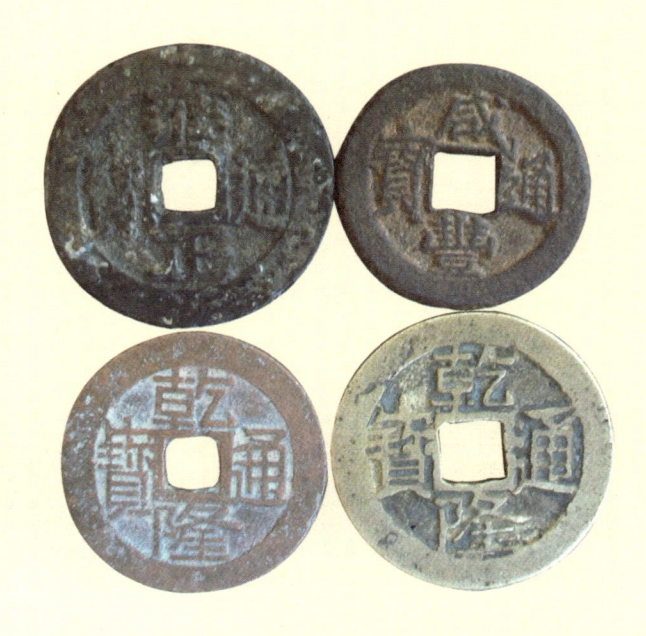

# 1.钱币与名人

我国历朝历代的不少帝王对钱币上的书法都十分重视,许多钱币上的文字往往由皇帝御笔亲书或由著名的书法家撰写,钱币的小小方寸之间展现着不少中国书法艺术的精品,古钱币也是研究中国书法史最好的材料。

### 秦半两与李斯

相传秦半两钱币上小篆"半两"二字是秦朝丞相李斯所书(图3-1),表示每枚钱重为当时半两(即十二铢)。当年李斯是奉秦始皇之命制作标准字样的,"皆取史籀大篆或颇省改,所谓小篆者也"。在中国古代钱币史上,能清晰确定钱文由谁所书的并不多,李斯则是能够确定其在圆形方孔钱上留钱文的第一人。

说起李斯除其政绩外,最容易让人联想的便是其在狱中饱受摧残的往事。《史记·李斯列传》中记载,同是秦二世宠臣的赵高为倾轧同僚,将李斯陷害入狱治罪,责他与儿子"谋反"以酷刑取口供,于是"屈打成招",但真正惊心动魄的情节在后面。赵高是玩权术和阴

> **知识小·档案**
>
> 李斯(约公元前284~公元前208年),名斯,字通古。战国末期楚国上蔡(今河南驻马店上蔡县)人。秦代著名的政治家、文学家和书法家。

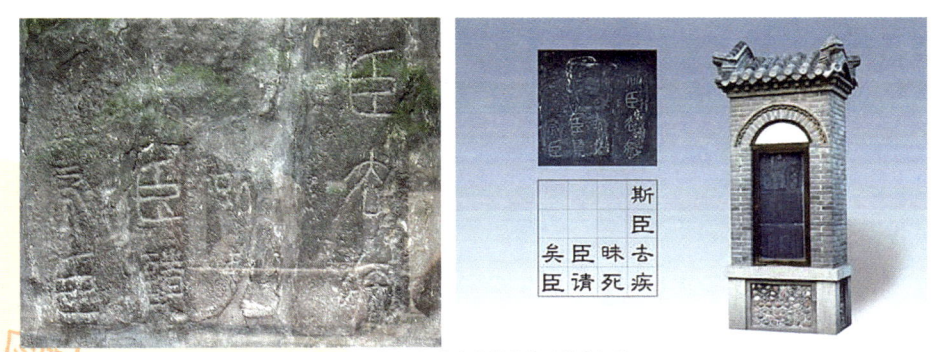

图3-1 李斯碑 泰安市博物馆(岱庙)藏

谋的高手，知道事情绝不会就此了结，为蒙骗秦二世，敲定李斯死罪得有更进一步的谋划。为此他遣党羽假扮御史、谒者、侍中官员等组成一个个"规范"的审讯班子，轮番到狱中提审李斯。被囚的李斯见之以为是秦二世所遣身旁官吏，就翻供说认罪是酷刑拷打所逼。但他一翻供，伪装"判官"便暴露真实身份，再狠狠修理李斯一番，如此循环往复。待到秦二世派出真正的官吏前去核实供词时，李斯的反抗意志早已被彻底摧毁了！他已无法辨别校核供词官吏身份的真伪，更是完全丧失了翻案的意志。就此被"确认罪名"，而赵高还让秦二世自感庆幸：如没赵高"几为丞相反卖！"李斯则被杀并被灭三族。

### 开元通宝与欧阳询

开元通宝钱币上面的钱文是由唐初书法四大家（欧阳询、虞世南、褚遂良、薛稷）之首的欧阳询制词并亲笔书写。

欧阳询唐初时累任光禄大夫、给事中、太子率更令、弘文馆学士等职，相当于宰相之位。欧阳询因与唐高祖李渊交好，故受李渊之托，为其时新铸的钱币起名并书写。此事可见其时朝廷对铸制新钱的重视程度。

后人评欧阳询的书法是庄重、隽秀、挺拔，点画方雅，结构开朗爽健，平正中见险绝刻厉，尊其为"欧体"（图3-2）。欧阳询所书开元通宝钱文被钱币专家赞叹为含八分和隶、篆三体，即钱币上的每一个字都兼有三体，深竣清晰，笔画端庄沉稳，方圆兼备，章法极为精美，所以书法界和钱币界将其命名为"八分

图3-2 欧阳询《九成宫醴（lǐ）泉铭》宋拓本（局部）中国国家博物馆藏

> **知识·小档案**
>
> 八分，是东汉中期形成的一种书体，即楷隶。其名当起于"字方八分"之说，即字的高度有小篆的八分而成方形。

书"钱文。这种钱文书体在后来历代的钱币锻造中被屡次沿袭。

现在我们来看，开元通宝这四个字，隶楷联系，以隶为主，其字正经凝重、方圆兼备。"开"字间架端正匀称，横竖笔画疏密得当、清晰有力；"宝"字犹为庄重沉稳，笔画兼有圆通之韵味。而"元""通"二字特点更为明显。"元"字两横之间较为贴近，短横干脆有力，长横左侧微微上挑，有变化的动感；"通"字的"辶"旁处理得十分有特点，前三笔犹如饱满的水滴，呈三个撇点状，而"甬"部上笔开口较大，整个字型与字义十分相通。总体来看，"开元通宝"四个字的书写象型的意味很浓，字型很完美地传达了"开国纪元、宝货流通、稳定繁荣"之意，体现了唐朝建国之初海纳百川、兼容并蓄的广博胸襟。此时的开元通宝钱币背面平整光洁无任何标志，即光背。

### 两宋的御书钱

中国古代钱币上的文字，一般是由匠人和书法名家书写。至于由皇帝书写钱文，则是从北宋开始的一个独特的文化现象，被称之为"御书钱"。宋太宗赵光义是中国皇帝中最早书写钱文者。宋初，为避免唐天宝以后藩镇割据局面的重演，一开国即制定了重文抑武的基本国策，以致影响贯穿了整个有宋一代。在这种环境里，皇帝们对于书法的喜爱，并非仅是附庸风雅、玩弄笔墨。两宋时期，有多位皇帝都是书法爱好者甚至大家。宋太宗本人"性好学，敬业，多艺能"，书法造诣颇深，楷书浑厚端庄、笔力含蓄；行书线条清晰、劲挺奔放；草书则神采飞扬、奔放流畅。宋代大书法家米芾评价其字"真造八法，草入三昧，行书无对，飞白入神"。淳化元年（990年），太宗亲自用真、行、草三种书体书写"淳化元宝"钱文，开中国"御书钱"之先河。《资治通鉴》中记载了这一段史实:"乙未,改铸'淳化元宝'钱,帝亲书其文,作真、行、草三体(图3-3)。自后每改元必更铸,以年号元宝为文。"一个年号钱用三种书体分别书写并成套铸造和发行,这在中国钱币史上是空前的创举,它不仅仅是皇帝个人书法才艺的展示,更是北宋文化昌盛的表现。后世给这一套钱币取了一个专用名词:"三体文御书钱。"太宗至道元年(995年)又铸"至道元宝",也是三种书体,因当时铸造量很大,流传至今极多。

> **知识·小·档案**
> 
> 《资治通鉴》是由北宋司马光主编的一部编年体史书,涵盖16朝1362年的历史。在这部书里,编者总结出许多经验教训,供统治者借鉴。宋神宗认为此书"鉴于往事,有资于治道",即以历史的得失作为鉴诫来加强统治。

图3-3 淳化元宝真书、行书、草书三体

图3-4 祥符元宝、祥符通宝

宋真宗赵恒在开创"咸平之治"的同时,也曾亲书钱文,铸行过御书钱。真宗在位期间铸有:咸平元宝、景德元宝、祥符元宝、祥符通宝、天禧通宝,这些铸钱虽只用真书一体,但题写的钱文笔态各殊,铸工精到,令人爱不释手。其中"祥符元宝""祥符通宝"开创了并行流通之例,是真宗诸钱的代表(图3-4)。

而宋徽宗赵佶更是把御书钱推向了前无古人、后无来者的巅峰,他是一位典型的艺术家皇帝,"身通百艺,书画尤工",对中国的传统文化、艺术发展作出过重要贡献。在货币文化的创新上,他也身体力行,不遗余力。宋徽宗早年学习黄庭坚的书法,后来又改学唐初薛稷，在此基础上，糅合众家之长，从而形成了完全个性化的书体，"瘦硬通神，有如切玉"，人称"瘦金体"。宋徽宗在位时铸行的御书钱一般指"崇宁通宝"（图3-5）和"大观通宝"（图3-6）两种折十大钱。特别是"大观通宝"，瘦直挺拔，横收笔带点，竖收笔带钩；撇如匕首，捺如切刀，劲健有力，洒脱自如；笔势连绵之处如游丝飞空，钱文与细廓的线条配合得非常得体、和谐。更叫人称绝的是，钱币表面金属所特有的质感和瘦金体相得益彰形成的立体效果，强化了瘦金体钱文本身的峻利精致，更显得豪纵俊逸，气度不凡，其效果完全超越了纸帛和碑石。可能宋徽宗当时也发现了这一特点，所以才不计工本，大量铸造了这种精美异常的钱币，致使后世流传着"风流天子书大观，铁画银钩字字端"的评价，不失为古钱币书体之一绝。徽宗"御书钱"为历朝之冠，其发行的钱币均可称之为钱币书法艺术精品。宋徽宗因铸钱精绝，与王莽并称"钱法二圣"。

图3-5 崇宁通宝

图3-6 大观通宝

第三章 货币告诉了我们什么

图3-7 泰和重宝 上海博物馆藏

### 泰和重宝与党怀英

金章宗泰和四年（1204年）铸行的"泰和重宝"（图3-7），四字系文坛领袖、书法家党怀英用玉箸篆所书。玉箸篆亦称"玉筋篆"，篆书的一种，笔道圆润温厚，形如玉筋（筷子）。玉箸篆始于秦代，唐齐己《谢昙域大师玉筋篆书》载："玉筋真文久不兴，李斯传到李阳冰。"后人论书，将用笔圆浑遒劲的其他字体亦称为"玉筋"，而党怀英正是法二李（秦代李斯、唐代李阳冰）书风。其文柔婉流动，是玉箸篆钱文的极品，其完美精整程度堪与现代机器制币相媲美。泰和钱币是《金史》中有记载的三种年号钱之一，"（泰和四年）八月，定从便易钱法，……后铸大钱一直十，篆文曰'泰和重宝'，与钞参行"。也是历史上唯一有记载的铸造大钱的金代年号。由于此类大钱铸期较少，历史意义与书法艺术并存，是研究少数民族政权和中国书法史沿革的重要物证之一。

### 咸丰重宝与戴熙

清朝咸丰以前各帝所铸钱币，大多字体呆板、凝滞、俗陋，毫无书法艺术的气息和价值可言，而咸丰年间宝泉局（工部的官署）铸造

067

的一种行用"咸丰重宝"铁钱的面文书法，却笔意凝练清峻、秀丽飘逸，在书写风格上与前朝各钱和其他咸丰钱都有着显著差异，尤其"咸"字书写与其他咸丰钱迥然不同，这就是古泉界常说的——"戴书"咸丰铁钱。此钱的题写者是清代著名书画家戴熙。戴熙既是一位书画家，还是一位古泉学家，他在古钱学方面很有造诣，著有《古泉丛话》一书。戴熙的最终结局却有些可悲，咸丰十年（1860年），太平军主帅忠王李秀成率众攻打杭州，戴熙组织团练以抗击农民起义军，终因寡不敌众，致杭城陷落。城破之时，他在赋了一首绝命词后，率其族人投水自尽，以身殉国。

图3-8 清咸丰重宝宝泉当十铁母

"戴书"咸丰铁钱，除有窄缘、宽缘两种小平钱外，还有"铁母"传世（图3-8）。该"铁母"钱制作精工，居咸丰小平钱之冠，存世极罕。另有资料介绍，除小平钱外，还曾铸有"戴书"当五、当十等大钱，其中当五钱相当珍贵。可以这样说，"戴书"钱是咸丰铁钱中书法艺术水平最高的一种，其在方寸之间游刃有余的独特风格，令人心动不已。

## 2.钱币上的书法文字

中国是世界上最早制作和使用货币的国家之一，在货币体系中出现了贝币、铜币、银币、金币、纸币等。中外的银币、纸币上往往铸印着元首的头像，而我国古钱上多铸有甲骨文、金文、大篆、小篆、楷书、行书、草书等各种书体，以及篆书的变体如悬针篆、韭叶篆、九叠篆、玉箸篆，还有楷书中的瘦金体。钱币上书法文字的作用，主要是记地、记重、记年、记干支、记年号，同时也集中国历代书法之大观。

春秋战国时期，刀币、布币、圜钱文字，皆属大篆，多出于铸钱工人之手，随范刻就，不刻意追求艺术效果，显得明快质朴。先秦各类货币上的符号向文字的变化，也是书法艺术的过渡。

秦并六国后，实施"书同文"。秦始皇统一货币铸造"半两"钱，一律使用小篆，一扫书法上的繁复冗赘之气。相传秦"半两"钱上的小篆字由秦朝丞相兼书法家李斯用小篆书写，开名人书写钱文的先例。

西汉末年新朝王莽时期铸造的钱币，其篆体文字末尾尖如悬针，后人称这种字体为悬针篆（图3-9）。悬针篆书体精美异常，堪称古钱"三绝"之一。书写特征是结体舒展雅致，上密下疏，字形狭长，住笔尖锐，有如钢针倒悬，是古代钱文书法中的一绝。

图3-9 王莽"货布""布泉"

图3-10 南朝宋孝建四铢

图3-11 北周三品——布泉、五行大布、永通万国

南北朝时期，钱文从篆书逐渐演变为隶书、楷书。刘宋王朝铸造的货币，采用韭叶篆，笔画屈曲，起笔尖，住笔锐，字形像自然界中的植物薤叶一样（图3-10）。北周铸造的钱币，采用玉箸篆，丰满圆润，端庄匀称，住笔如柱，其形如筋，笔法华美，篆法绝工，为六朝钱币之冠（图3-11）。

唐高祖武德年间所铸"开元通宝"上的钱文是由初唐"楷书四大家"之一的欧阳询手书，字体采用八分书，结构开朗健硕、凝重秀丽，开元通宝从唐初一直沿用到宋朝初年，是第一枚通宝年号钱币。

五代时期南唐"唐国通宝"，钱面文有楷书、篆书、隶书等体。由文学家、书法家徐铉用楷、篆两体所书。

钱币书法艺术创作最发达的当属两宋。从御书体"淳化元宝""至道元宝"行

## 知识·小·提示

王莽时期所铸的布泉和北周铸行的布泉都是钱中美品。请大家去博物馆看一看实物真品，找出他们的差别吧！

书、草书入钱文始,篆、隶、楷、行、草五体并用,应有尽有,多姿多彩,令人称绝。仅仅"对钱"上的钱文书法,就有行书与篆书配、行书与隶书配、楷书与篆书配、隶书与篆书配等式样。宋代的对钱有800多种,是一种仅钱文书体不同,但钱文内容、钱制大小、钱身厚薄、轮廓阔狭、穿孔大小、字体大小、文字位置、笔画粗细、深浅乃至铜质、制作风格完全一致的两枚成对的钱。

御书钱为皇帝亲自为钱币书写的钱文,宋太宗亲书"淳化元宝""至道元宝"真行草三体书钱文,始开御书体之端。五年后又亲书了"至道元宝"真行草三书体。宋徽宗用自创的瘦金体题写了"崇宁通宝""大观通宝"。铁画银钩,遒劲有力,在中国书法史上自成一家。这两种钱,不仅是作为流通的货币,也是精美绝伦的艺术品。

宋神宗"元丰通宝"版别极多,所铸元丰钱有篆、隶、楷、草四种书体,书法水平也高。其中元丰通宝隶书钱文沉着、豪迈,相传为苏轼所书,在钱币史上有"东坡元丰"之称(图3-12)。宋哲宗元祐年间,司马光和苏轼用篆、行两种书法写过对钱"元祐通宝"。文字潇洒奔放、不拘一格,大有超世脱俗之感。

图3-12 元丰通宝隶书

北宋还有一种九叠篆"皇宋通宝"（图3-13）。九叠篆始于隋代，盛行于宋元时期，起初用于刻印章，后用于钱文。该篆体笔画反复折逸，盘旋屈曲，填满空白部位，求得均匀美观。

南宋淳熙七年（1180年），取消对钱，宋钱钱文的书法逐渐统一为宋体字，此后的钱文一般采用楷书。

图3-13 皇宋通宝

金章宗泰和年间铸行的"泰和重宝"，四字系文坛领袖、书法家党怀英用玉箸篆所书，其文柔婉流动，是玉箸篆钱文的极品，其完美精整程度堪与现代机器制币相媲美。

清代钱币文字书法呆板粗俗，拙劣凝滞，缺乏艺术气息。但咸丰朝铸大钱，重现了钱文书法，精美的书法流派，百花齐放，琳琅满目，使人耳目一新。咸丰朝全国各省钱币的书法流派纷呈，各具特色，有的雄浑端庄，有的隽秀风雅，其书法艺术与钱币造型外郭穿孔的宽狭与钱文书法配置恰到好处，珠联璧合，相得益彰，把钱币艺术推向很高的境界，其中"咸丰重宝"为画家戴熙所书，骨体端正，神形兼备。

中国书法的美是线的美、力的美、光的美和表现个性的美。古钱文的书法美，有篆隶楷书的静态美，也有行草书的动态美感，我国的钱币史也是研究书法的最好依据。

## 知识·小·提示

尝试一下，仿照上面的钱币自己写几个钱文吧！感受一下我国的书法艺术与钱币的融合之美。

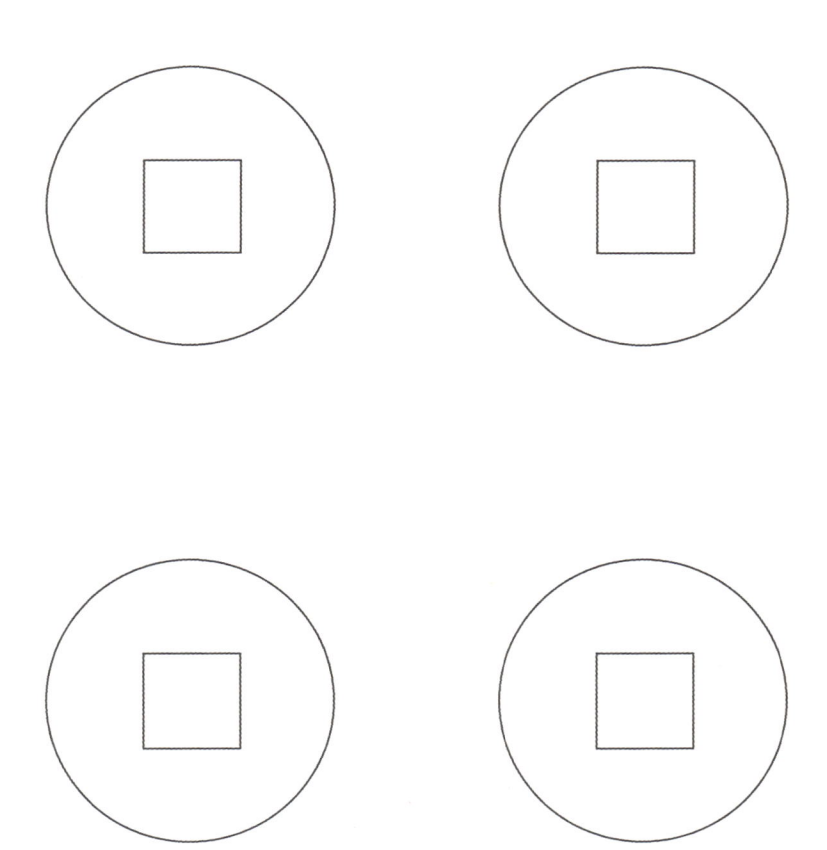

### 3.钱文的读法你知道吗

钱文是指铸在或刻在钱币上的文字。钱币正面的钱文称"面文",背面的钱文称"背文"或"幕文"。中国钱币最早出现的钱文是战国时期楚国的郢爰金版,正面钤印"郢爰"二字阴文。中国古代钱币纷繁复杂、年代久远,钱文读法也颇有讲究。对于中国古代铜币上的文字,应该怎么读才是正确的呢?

从春秋战国至秦汉钱文的读法基本依汉字书写习惯,由右向左读,如"半两""五铢"等,也有一些特殊的读法。钱文的读法基本上有两种:旋读和顺读。旋读又叫回读,是按照上右下左顺时针方向旋读,宋钱中较多,元以后绝迹;顺读又叫直读,顺序是按上下右左、先纵后横的顺序读,始见于新莽的"六泉",至元明清占绝对优势,遂成定型(图3-14)。唐朝以后各代多以顺读、旋读并行,形成一定的结构,明以后建立了"通宝"为名称、顺读的固定结构,

图3-14 王莽六泉:小泉直一、幺泉一十、幼泉二十、中泉三十、壮泉四十、大泉五十

其间的演化过程容易造成误读，如受唐"乾元重宝"的影响而将宋的"乾道元宝"误读为"乾元道宝"（图3-15），等等。

图3-15 乾道元宝

图3-16 乾亨重宝反写

钱文的读法常见的除上述提到的，还有一些比较特殊的说法：

先纵后左横读：按上下左右顺序读，极为少见，有"乾亨重宝"，且"重宝"二字为反写，是汉以后所仅见（图3-16）。

右起先横后纵读：按右左上下顺序读，如"永安一百""太平天国"等（图3-17）。

图3-17 永安一百

图3-18 永安一十 中国国家博物馆藏

左起先横后纵读：按左右上下读，仅见"永安一十"孤例（图3-18）。

此外，新莽时期所铸仿古布向十品的钱文是以上下两横列为序，先上列后下列由右向左读，如"小布一百"至"次布九百""大布黄千"等，是比较特殊的读法（图3-19）。

图3-19 王莽十布：小布一百、幺布二百、幼布三百、序布四百、差布五百、中布六百、壮布七百、第布八百、次布九百、大布黄千

## "开元"与"开通"之争

上一章节，我们讲过唐代铸行的开元通宝钱。开元通宝的读法素有顺读"开元通宝"与旋读"开通元宝"之争，历代而来各有所辩，未能统一（图3-20）。

"开元通宝"读法的依据：开元通宝为唐初武德四年所铸，此"开元"并非年号开元，并不是开元年间由唐玄宗铸行，而开元通宝作为非年号钱，铸期很长的原因在于"开元"二字被统治者视为吉语，开元通宝被视为吉语钱。"开元"一词最迟在东汉初年即已出现。

**图3-20 金质开元通宝**

"厥有氏号,绍天阐绎,莫不开元於太昊皇初之首。"(汉·班固《典引》)

"夫大汉之开元也,奋布衣以登皇位。"(汉·班固《东都赋》)

开元具有开国、开辟新纪元之意,而"通宝"据载为欧阳询首创,意为流通中的宝物。统治者大有寄开国伊始万象更新、政通人和、繁荣昌盛于通宝钱之寓意,而长时期的稳定发展,经济与文化均繁荣的景象也确实在其后呈现出来。而《新唐书·食货志》也明确记载:"武德四年,铸开元通宝,径八分,重二铢四参,积十钱重一两,得轻重大小之中,其文以八分、篆、隶三体。洛、并、幽、益、桂等州皆置监。赐秦王、齐王三炉,裴寂一炉,以铸。"由此,顺读"开元通宝"更能体现唐朝包罗万象,恢弘大气,奋发进取的精神,也符合唐朝的时代背景。

"开通元宝"读法的依据:"奉使亲监铸,改故造新光。开通万里达,元宝出青黄。"(唐·王梵志)王梵志是隋唐战乱的经历者,他的诗句肯定了旋读的合理,"开通"万里达,有流传万里之美意,"元宝"出青黄则取意铸新钱于隋唐朝代更迭之际。

077

"皇朝武德中，悉除五铢，更铸开通元宝。"（唐·李林甫《唐六典》）

"苏辙至京师，上书王介甫问铸钱。对曰：唐开通钱最善。"（宋·苏辙《龙川略志》）

713年，唐玄宗将年号改为开元，意求励精图治，再创唐朝伟业。有学者认为，封建帝王改年号在古代是大事，忌与前代相重，如果采用"开元通宝"的读法，玄宗改年号"开元"就显得潦草不庄重，所以读成"开通元宝"才符合历史。此外，

"太祖初铸钱，文曰'宋通元宝'。"（《宋史·食货志》）
"国家开宝中铸钱，文曰'宋通元宝'。"（欧阳修《归田录》）

都证明宋太祖（图3-21）铸钱明确记载是旋读"宋通元宝"，而非顺读"宋元通宝"，足以证明唐人读成"开通元宝"对后世的影响。以上史料被用来佐证"开通元宝"是更为准确的读法。

而北宋王溥所撰记述唐代各项典章制度沿革变迁的史书《唐会要》中第89卷泉货条是这样记述的："武德四年七月十日，废五铢钱，行开元通宝钱，径八分……其钱文给事中欧阳询制词及书，时称其工。其字含八分及篆、隶三体。其词先上后下，

图3-21 宋太祖画像

次左后右读之。自上及左，回环读之，其义亦通。流俗谓之开元通宝钱。"也就是说其原意应为"开元通宝"，但是读成"开通元宝"意思也不差。虽然大量史料显示"开通元宝"的读法有很大的可能性，但"通宝"的影响也是相当大的，后世很多"通宝"钱币效此而来。由此看来，至少有两点是不容置疑的：从字面意义上讲，两种读法都有道理，无论是误读还是正读，顺读与旋读都是存在的读法，也都有其合理性；中唐以后顺读"开元通宝"是占了上风的。

> **知识·小·提示**
> 关于"开元通宝"和"开通元宝"之争，你更支持哪种观点呢？并提出你的证据。

## 4.货币与民俗

中国钱币文化源远流长，历史悠久，内容丰富，是中华民族古老文明的重要组成部分，其中有一类非流通钱币，我们称之为民俗钱币。民俗钱指的是历朝历代货币文化的衍生物，它们不是货币，不能行使货币的职能。但它们和货币有渊源关系，开始时依附于货币，也能行使货币的一些职能。随着时间的推移，它们被逐步分离出来专门制造。它们具有和同时代货币相同或雷同的形制、材质和制造工艺，但赋予了和货币截然不同的性质和用途。

> **知识·小·档案**
> 古钱币按钱币性质划分，可分为流通钱币（正用品）与非流通钱币（非正用品）。流通钱币是在商品交换中承担货币职能的钱币；非流通钱币主要是指花钱，在商品交换中不承担货币职能，然而在形制上类似古钱币。

从这个意义上讲，它们和货币同宗，是货币的孪生兄弟，所以习惯上也称之为"钱"，它们还有个美丽的别名，称为"花钱"（图3-22），此花钱不是让我们去花钱消费的花钱，而是说这钱上带着不同的文字纹

图3-22 清"状元及第"背"天仙送子"花钱

饰，蕴含着不同的民俗文化呢！

民俗钱在不同时代、不同场合有不同的称谓，诸如"厌胜钱""镇库钱""撒帐钱""冥钱"等。民俗钱虽然种类繁杂，性质和用途各异，但它们都和民俗文化有关，和人们的思维、信仰、祈求、欲望有关，它们都是民俗文化和货币文化相结合的产物。它们被统称为民俗钱，实际上上下几千年，它们已成为中国钱币文化中色彩缤纷的一个独立体系。民俗钱起源于汉代，至清末民初仍有铸造。钱币上多以吉祥语为装饰，钱文中有星斗、八卦、龙凤、人物等图案。花钱多为民间私铸，材质以铜为主，也有金、银、玉、木、陶、锡、骨、象牙等材质。据《中国花钱》一书统计，其种类已达2200多种。

### 吉语厌胜钱

古代人们主要佩戴的是厌（yā）胜钱，亦称"押胜钱""吉利钱"等。人们为了趋吉避凶，将一些吉祥用语如"岁岁平安""长命富贵""天下太平""加官进禄""吉祥如意""祛邪降魔"等铸在铜钱上，将铜钱用丝线挂在脖子上或佩挂在衣服其他部位，以祈求吉利。厌胜钱一般不流通，多做赏赐、馈赠、撒帐、把玩等用途。有些很小如普通小平钱大小者，过去亦可做流通之用。

除了用于佩戴的压胜钱，还出现了许多具有民俗功能的花钱。

**镇库钱**：为了镇灾驱邪，祈求吉祥富贵、永镇财富，朝廷在铸币时，多在库房中设神堂，以供奉财神、仓主、土地、火神等。神堂香案上方，大都悬挂一枚特制大型钱币，其上披红绸，下挂流苏，谓之镇库钱。镇库钱最早见于西汉文帝五年（公元前175年），始铸四铢"半两"钱之前的开炉之作，其文字制作和实用的四铢"半两"钱完全一致，只是钱体放大，重量是普通钱的一二十倍（图3-23）。镇库钱铸造的目的，自然是为了祈求铸币成功，免遭灾难。

图3-23 四铢"半两"大型镇库钱
中国国家博物馆藏

酒令钱：西汉早期所铸的酒令筹码钱，不作为当时的流通货币，是专供王公贵族行乐之用的钱。1968年河北满城发掘的西汉中山靖王刘胜的配偶窦绾墓中出土了一套宫中行乐钱，全套计40枚，其中20枚是"第一"至"第廿"的记数钱，另20枚则分别铸有三个字或四个字的韵语一句，如"起行酒""乐无忧""饮其加""自饮止"（图3-24），等等，其

**知识·小·档案**

满城汉墓是西汉中山靖王刘胜及其妻窦绾之墓。刘胜墓全长约52米，最宽处约38米，最高处约7米，由墓道、车马房、库房、前堂和后室组成，窦绾墓和刘胜墓的形制大体相同。两墓的墓室庞大，随葬品豪华奢侈，共出土金器、银器、铜器、铁器、玉器、石器、陶器、漆器、丝织品等遗物1万余件，其中包括"金缕玉衣""长信宫灯""错金博山炉"等著名器物。

3-24 河北满城汉墓出土"自饮止"酒令钱
河北省博物馆藏

形制虽也是方孔圆钱，但比一般的流通钱币硕大厚重，应该是当时行酒作乐的一种游戏钱，这也是我们至今所见到的最早的一套完整的酒令钱。

庙宇钱：亦称"供养钱""供佛钱""香火钱"。官方寺院、坊间所铸供奉佛殿神像之"瑞物"，也用旧钱或是通用品。庙宇钱的专门铸造，应该是唐宋以后的事情，随着时间的推移，其性质和功能也有变化和发展，法门寺地宫出土的玳瑁"开元通宝"钱，应该是专门制作的佛藏钱，这是唐朝的事情。这样的习俗延续到两宋，北宋皇室信佛，供奉金质"供养钱"，五台山就曾经出土过宋"淳化元宝"背铸佛像的金质钱币窖藏（图3-25）。辽、金以后，特别是元朝，庙宇铸钱成为一种普遍的社会现象，其用途和性质已经不再局限于重大的佛事活动，而是成了庙宇敛财的一种手段，民间私铸钱的一种变态。这些钱几乎都是劣质的普通的年号小钱，钱文潦草且多有简笔字充斥其间。它们可以参与地方性的流通使用，行使部分货币的职能，成为元朝铸币的一个特殊现象。

> **知识小档案**
>
> 玳瑁币是用玳瑁（一种海龟）的甲壳雕刻的货币，在古代货币中极其罕见，极为珍贵。法门寺地宫出土的27000多枚钱币中，13枚玳瑁"开元通宝"是目前世界上发现的最早的、绝无仅有的玳瑁币。

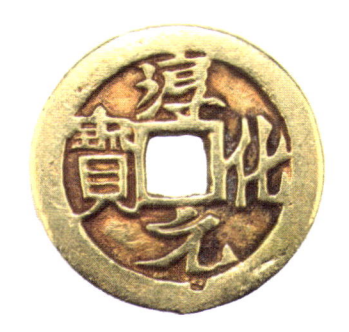

图3-25 淳化元宝背铸佛像供养金钱

打马格钱：其实是以名马、名将为主要内容盛行于民间的一种游戏棋。据说"打马格钱"的创始人是北宋著名的女词人李清照，她编

> **知识小档案**
>
> 李清照（1084~约1155年），号易安居士，齐州济南（今山东济南）人。宋代女词人，婉约词派代表，有"千古第一才女"之称。你能背出几首她的词呢？
> 此情无计可消除，才下眉头，又上心头。（《一剪梅》）；
> 寻寻觅觅，冷冷清清，凄凄惨惨戚戚。（《声声慢》）；
> 莫道不消魂，帘卷西风，人比黄花瘦。（《醉花阴》）；
> 生当作人杰，死亦为鬼雄。（《夏日绝句》）。

著的《打马图经》一书中曾详细地介绍了这种游戏的规则，她称打马游戏是："博弈之上流，闺中之雅戏。"这类钱品种繁多，图文并茂，制作精良，有的一面铸有马形图像，另一面铸以马名，多为历史上及传说中的名马，有秦始皇的追风战骑，有唐太宗的"昭陵六骏"等广为人们熟悉的名骏；也有的一面铸有骑马将军或马形图像，另一面铸以名将或官职名，如赵将李牧、齐将田单、燕将乐毅、魏将吴起、秦将白起、唐将尉迟（尉迟恭，字敬德）等。这些打马格钱上，

图3-26 清大型"秦将白起"打马格钱

马形图像铸制逼真，或立、或卧、或走、或回首顾盼、或仰天长啸，千姿百态，栩栩如生，成为钱币中的艺术珍品（图3-26）。

瘗（yì）钱：瘗钱是一种特殊的丧葬用品。其与冥币不同的是，它主要是指以行用钱作为陪葬品的钱，同时也有专为死者殉葬用而特意铸制的与行用钱类同的钱币。1972年9月，吉林省哲里木盟库伦旗辽墓出土一枚钱铭文为"大康六年"的瘗钱（图3-27），它不仅证明该墓主人下葬于大康六年，而且此钱的铭文制作是典型的辽钱风格，特征更为明显，又有绝对纪年，可以把它视为辽钱断代的标准器物。

> **知识小·提示**
> 请大家去历史中查阅这些名将，如李牧、田单、乐毅、吴起等，他们都有什么事迹呢？

图3-27 吉林辽墓出土"大康六年"瘗钱

信钱：明、清以后的信钱多是民间会道门结社组织的一种信物，钱文多为该组织的信义之词，如义和团的拳钱、白莲教的教会钱，等等。它们既是会道门成员身份的凭证，同时又被赋予了一种信仰、一种神力，祈祷护身保平安；还有咒语钱、符咒钱，是宗教组织特制的一种护身符，钱文多为咒语，据说可以免除灾难，驱散鬼魔。信钱和咒语钱多是民间制作，反映当时的民间工艺和文字书法。

> **知识小·档案**
> 义和团是19世纪末中国发生的一场以"扶清灭洋"为口号的农民运动。这一运动粉碎了帝国主义列强瓜分中国的狂妄计划，沉重打击了清政府的反动统治，加速了它的灭亡。

## 知识小档案

白莲教是唐、宋以来流传民间的一种秘密宗教结社。流传到清初，又发展成为反清秘密组织，虽遭到清政府的多次血腥镇压，但到了嘉庆元年（1796年），白莲教起义已发展成嘉庆年间规模最大的一次起义。

宫钱：宫钱则是皇家的专门用品，汉、唐以后，也成为压胜钱的一大门类。宫钱有金、银、铜、银鎏金、铜鎏金等不同的材质。因为用途不同，宫钱分别会有不同的制作特征。作为皇家赏赐专用的赏钱，多为金银制作，钱文与正式发行的流通币基本相同，由官炉专门制造。还有宫中用的上梁钱、挂灯钱，金册、谱牒、档案等的包袱钱，重大喜庆活动的专门用钱，或者用某宫名加吉语的专门定制的喜庆祝贺钱，如南宋银质宫钱"寿慈万春"（图3-28）。

压胜钱的内涵十分丰富，门类十分繁杂，有图、有文、有图文并茂。除了上面叙述

图3-28 南宋宫钱"寿慈万春"

的之外，还有反映民族文化、民俗风情的人物故事钱，八卦生肖钱；有为重大庆典活动专门铸造的赏赐钱，如西汉铸的金五铢钱，明末张献忠铸的西王赏功钱，都是为了奖励作战有功的将士。赏赐的钱一般是由金、银专铸，也有铜铸的。这一类钱，因为铸额不多，存世更为稀少，所以弥足珍贵；还有婚庆嫁娶专用的礼钱；有为游戏作乐专门铸造的玩钱；也有为某一事件、某一组织、某一部门、某一商号特意铸造的专门用钱；冥钱则是历史最悠久的一种压胜钱，开始用的是真钱，后来才有为了殉葬、祭祖而专门制造的冥钱。

从文化和艺术的角度来看，压胜钱是正用品钱币的补充和发展。压胜钱的门类极其繁杂，从各个角度反映了不同历史时期的钱币文化、民俗风情，成为古钱研究的一个重要领域，有的甚至具有极高的文物价值和学术价值。

### 钱币也有男女之别？

在我国钱币学书籍里，就记载有"男钱""女钱"这两个名词。如宋洪遵的《泉志》就有"男钱"之说，《隋书》中也有关于"女钱"的记述。

有古诗云："布泉径寸字针悬，鼓铸难忘居摄年。传语深闺消息好，佩来个个是男钱。""男钱"是王莽所铸悬针篆"布泉"的俗称（图3-29）。王莽布泉钱体坚挺浑厚，外轮高峻雄伟，好郭重轮，异常壮美，有如帅哥一枚！民间称之为男钱。

图3-29 王莽"布泉"

史书中记载的男钱还有一种，十六国时期后赵石勒所铸的"丰货"钱（图3-30）。因钱文壮实丰满，又含有富裕吉祥之意，也称为"男钱"。有文记载，如《通典·食货九》中有"丰货钱，……谓之男钱，云妇人佩之生男也"之说。意思是说妇人佩带它，则可生男孩。唐代文学家段成式诗云："诈嫌嚼贝磨衣钿，私带男钱压

图3-30 后赵"丰货"

鬓低。"生男之说灵与不灵，纯属人们的一种良好愿望而已。

有男钱，相对应就有女钱。《隋书·食货志》载：南朝梁"武帝乃铸钱，肉好周郭，文曰五铢，重如其文。而又别铸，除其肉廓，谓之'女钱'，二品并行"。意思是，梁武帝铸造"五铢"面背均有内外郭，铸造工整。又铸造一种无轮郭的五铢钱显得纤细质弱，故称女钱，因是梁朝官铸，故称"公式女钱"（图3-31）。

图3-31 南朝梁五铢"公式女钱"

523年，南朝政权几经易手后，年轻时文才武略的萧衍成为了一代新主，即铸造"公式女钱"的梁武帝。萧衍崇尚儒家思想，吸取了前朝灭亡的教训，自己很勤于政务，而且不分春夏秋冬，总是五更天起床，批改公文奏章。萧衍的节俭也是出了名的，在这方面，萧衍在中国古代所有皇帝中也算得上出类拔萃之辈。但晚年时，因至亲六弟萧宏、次子萧综的背叛看破红尘，从儒家转向了佛家，变成狂热的佛教信奉者。为了出家，他建了一个同泰寺，早晚去拜佛不说，曾三次舍身同泰寺，每次都被群臣以铜钱一亿赎出来。梁武帝把佛教定为国教，崇信佛教达到发狂的程度。梁代的寺院贵族积聚了大量钱财。那时仅建康（今江苏南京）一地的佛寺就有700余所，僧尼十余万人。因为争相攀比铸铜佛像，全国缺铜的情况愈演愈烈。因为铜料奇缺，梁武帝只得将铜钱剪凿，

**知识小档案**

侯景之乱是指中国南北朝时期南朝梁将领侯景发动的武装叛乱。侯景于548年以清君侧为名在寿阳（今安徽寿县）起兵叛乱，549年攻占梁朝都城建康，将梁武帝活活饿死，掌控梁朝军政大权，552年其叛乱被平息。侯景之乱后，江南地区的社会经济遭到毁灭性的破坏。

铸劣钱、轻钱，以渡过危机。后来，在走投无路的情况下，只好废除铜钱，改铸铁钱。铁钱一出，通货膨胀随之而来。当时的铁钱堆积如山，市上交易，用车载钱，不再计数。梁武帝晚年刚愎自用，乱建佛寺，不听劝谏滥发女钱的荒唐之举，导致梁朝后期政治黑暗，民不聊生，至侯景之乱梁武帝饿死于台城。梁武帝在疯狂地盘剥老百姓的同时，也将自己钉在了历史的耻辱柱上。

旧时，一般都认为物之壮者为男，物之柔弱纤细者为女。如"女桑"一词，意指柔弱的桑树；如"女墙"一词，意指矮小的墙，等等。百姓把布泉称之"男钱"表达了一种对生活的美好期待，把梁五铢钱称之为"女钱"，除了反映出古时对女性的轻视之外，亦表达出了劳动人民对暴虐君主的蔑视与痛恨。

### 清五帝钱和"钱到家"

清朝由满族人建立，也是中国历史最后一个大一统封建王朝。1644年顺治帝迁都北京，清朝开始成为全国统治者。清朝入关后，沿用明朝的铜钱制度，主要铸行小平钱（图3-32）。满、汉两族在政治、经济、文化和社会生活等方面迅速交流融合，在钱制上也体现出了满汉一体的特征。清代铜钱正面所铸各个年号的通宝均

图3-32 清"五帝钱"

为汉文，背面则用满文记钱局，或者左满文、右汉文，这样既方便绝大多数的汉民使用，又呈现出满族的文字。其中，康熙通宝钱铸行时间长达60年，铸量较大，传世较多，但版本较简单。北京宝源、宝

泉两局沿用"顺治通宝"满文钱式，背面满文，其他各地钱局，背面满汉文局名各一字，民间为方便记忆，把这些钱局名串成了一首五言诗：

同福临同江，
宣原苏蓟昌，
南河宁广浙，
台桂陕云漳。

四句诗中的20个字分别代表了20个钱局，分别是：山西大同局、福建省局、山东临清局、山东省局、江苏江宁府局、直隶宣府局、山西省局、江苏苏州局、直隶蓟州局、江西南昌局、湖南省局、河南省局、甘肃宁夏局、广东省局、浙江省局、福建台湾局、广西省局、陕西省局、云南省局、福建漳州局。此外还有"巩""西"两种，但数量不多，要收集齐全十分不易。

从顺治到嘉庆是清朝的盛世期，社会生产较稳定，在钱制上是明朝的延续，在发行制度上较前朝更加健全一些，所有皆为小平钱，有利于流通。

清代五帝钱，是清朝最兴盛的五位帝王顺治、康熙、雍正、乾隆和嘉庆五位皇帝在位期间所铸造的铜钱。这五位皇帝相继在位180年，统治时期经济发达，国运昌盛，帝王独尊，百姓乐业，是清朝最辉煌的时期。特别是康熙、雍正和乾隆三朝，被誉为"康乾盛世"。在民间还有一个说法，就是这五位皇帝执政时期的铜钱凑在一起，既可以欣赏又可以辟邪，有挡煞、防小人、驱邪、旺财之功效，送亲戚朋友也是祝福和美好的意思。史载，将方孔通宝钱不拘大小，以红线悬于颈间，取铜钱历经万人手之实，汇集百家之阳气，可抵御邪祟鬼魂（图3-33）。

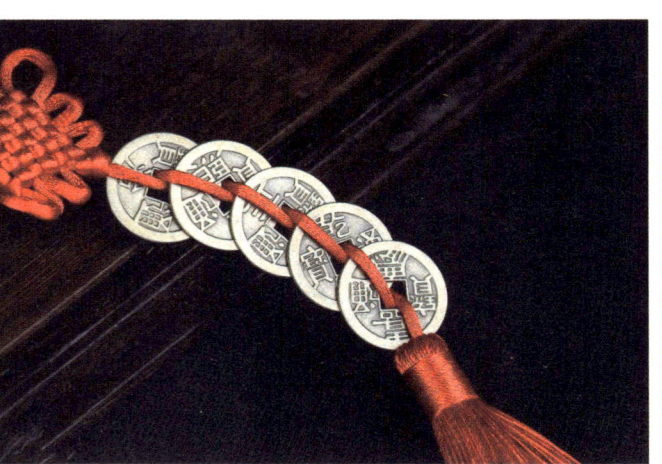

图3-33 "五帝钱"钱串　　　　　　　　　　　　图3-34 "钱到家"钱串

　　"钱到家"是乾隆、道光、嘉庆时期流通的铜钱（图3-34）。三帝年号首字连续读为"乾道嘉"，谐音"钱到家"，或解释为"乾天中日、运走昌隆、家和平安、富贵永庆"。钱币外圆内方中间铸有帝号，外圆代表天、内方代表地、中间的皇帝年号代表人，"天、地、人"三才具备，流通时久，转万人手，聚足人间阳气，聚宝胜财。在民俗文化及风水学中，古钱被列为八大平安吉祥之首。在"钱到家"流通的道光年间鼎盛景象已经不再如日中天，因此民间主要有招财行运之意。"钱到家"可以随身佩戴，也可以挂在车上或家中，或放入钱柜，以起到聚财、招财行运的美好愿望。还有的作为礼品，赠送乔迁、开业、婚庆、生子等。

## 5.货币的故事

我国古代钱币的历史源远流长,钱币除了体现政治、经济、文化、军事、科学以及民族存亡和国家兴衰,同时也记录着许多千古流传的民间故事。几千年来,关于钱币的故事形成了独特的货币文化,成为中华民族传统文化的一部分。

### 刘备筹军费铸"直百"

三国时期,各国都发行货币,因此货币十分复杂。蜀汉偏处西南,发展经济受到局限,又连年征战,财政困难,军费紧张,只好采用发行大值虚币的办法来勉强维持。在大臣刘巴的建议下,刘备

图3-35 蜀汉直百五铢 中国国家博物馆藏

图3-36 蜀汉"直百"

于汉献帝建安十九年（214年）在蜀地发行直百钱。直百钱有面文"直百五铢"（图3-35）和"直百"（图3-36）两种。顾名思义，一枚直百五铢相当于100枚五铢钱，但实际上其重量仅为过去流行的五铢钱标准重量的2倍多。"直百钱"的发行对蜀汉经济的发展立刻起到了作用，"以数月之间，府库充实"。之后刘备铸钱越来越小，如"太平百钱""定平一百"等，表明蜀汉后期，经济日益困苦了。

### 太货六铢喻哭天子

南北朝时期，南朝的币制混乱，随着朝代的更迭，货币屡次更改，史称此时"钱法大坏"。陈宣帝于太建十一年（579年）发行了一种钱文精美的货币——太货六铢（图3-37）。该钱属五铢系列，重量、形制均与五铢钱相近。刚开始时一枚等于10枚五铢钱使用，后

图3-37 南朝陈太货六铢

来和五铢钱等值，1枚等于1枚用。有趣的是，其篆书四字钱文右侧的"六"字，宛若一站立人形，身首俱备，手足齐全。此"人"两脚开立，双臂环置腰间，俨然一人叉腰站立。当时民间厌恶此钱者，便戏谑地称之为"叉腰哭天子"。果然不久，可怜的陈宣帝在一片哭声中

驾鹤西去，太货六铢成为了有名的丧钱。

### "人仰马翻"显爱国

崇宁重宝是宋徽宗时期铸造的钱币（图3-38）。虽然钱币正面无甚特别，但是背面却令人大吃一惊，钱币背面是一匹马，而且不是货币上常见的立马、奔马图案，是一匹倒仰在地面上的马。存世的大多数崇宁重宝的背面是没有任何图案的，那么这匹马究竟有着怎样的来历呢？历史上的宋徽宗时期是佞臣当道，民间赋税繁重的时代。宋徽宗虽有过人的艺术天分，但他几乎将祖先积累下来的，相当于当时全世界百分之七十的财产给花光了，他在位期间爆发方腊领导的农民起义，当金军南下攻宋时，宋徽宗也没有组织可靠的抵抗。虽然皇权软弱无能，但是民间却群情激愤。很多劳动人民痛恨不断前来中原骚扰的金国和辽国，因此在崇宁重宝的背面铸造了一匹倒仰在地面上的战马，寄托了工匠对辽、金军队的痛恨之情，彰显了爱国主义和民族情怀。工匠希望入侵宋朝的军队都能马失前蹄，摔得人仰马翻或被打得人仰马翻，这样就能保证民众生活的平安幸福了。

图3-38 崇宁重宝

### 祈愿丰收的咸丰钱

清代咸丰年间战乱频繁，因此出现了通货膨胀的现象，在这样的背景下，国家最需要的莫过于粮食丰收、民间富足。此时有一种"咸丰通宝"上的"丰"字是略显歪斜的，这一铜币通常会被认定为"错币"，是工匠在铸造时模具出错，而导致无法流通的不合格产品（图3-39）。其实这枚货币并非错币，"丰"的繁体写法"豐"本身就很像是粮囤，只有遇到大丰收，粮囤才会被压得倾斜过去。把这个字写

093

歪，并非是无意犯错，而是有意为之，其实是将大家的希望铸造在流通的货币上，以祈求来年风调雨水，全国丰收，处处的粮囤都能被压得倾斜。这种在钱币上寄托工匠和国家的祈愿的做法，体现了古人的钱币设计理念，细节简单，但是内涵深远。

图3-39 清咸丰通宝

关于钱币的故事不胜枚举，以上只是为大家讲述其中的四则。也欢迎大家在阅读本书的同时，发现故事、发现乐趣、发现真相、发现历史。

# 第四章
## 还有哪些有趣的货币

如果说我国的历史像万花筒一般绚烂多姿，那货币就像一个百宝箱，里面蕴含着无穷无尽的宝藏，总有令你意想不到的钱币出现在眼前。是不是很有意思呢！

# 1.少数民族钱币

我国是一个多民族国家,并且每个民族都有自己的语言文字,文字作为记录和传达语言的书写符号,对人类文明的发展起着极为重要的作用。除了汉字外,还有许多少数民族文字。少数民族文字既包括正在使用的文字,也包括古代各民族曾经使用过的文字。一些文字逐渐退出了历史舞台,一些文字却保持了旺盛的生命力,而少数民族古钱币作为承载文字的一个重要载体,为我们留下了了解和触摸这些文字的珍贵实物。通过研究这些具有深厚历史底蕴的少数民族文字钱币,可以建立起了解各民族历史文化的独特视角。

### 契丹文钱币

辽朝(907~1125年)是中国历史上由契丹族建立的封建王朝。契丹族是一个历史悠久的民族,人们仿照汉字创造了分大小两套的契丹文字。一套是在920年于阿保机统治下创立的"大字",属于非组合文字;另一套是创立于924年的"小字",其特点是由不同的部件组合成较大的字。契丹大字和汉字的书写方式类似,每个字代表一个音节。一些大字是直接假借汉字,如:一、二、三、五、十、百、皇、帝、国等。还有一些大字是将汉字改造字型、增减笔画的仿造字。目前发现的契丹大字约有1000多个。而契丹小字与契丹大字并行于契丹国中,使用的人多为中国东北部的契丹贵族。进入金代以后,女真人也沿用了契丹字。1194年,金朝宣布废除契丹字以后,这种文字逐渐走向消亡。契丹族因受汉文化的影响,早在建立辽国以前,就开始铸造非年号的圆形方孔钱,辽代年号钱与当时的宋钱无异,只是文字不太精美,制作也较为粗糙,客观地反映了契丹人的文化和技法水平。天朝万顺钱,铜质,折十型,光背,为契丹大字钱的一个典范(图4-1)。另外天朝万顺钱还有金质、银质、银鎏金质地等,大部分专

图4-1 辽契丹文天朝万顺钱 上海博物馆藏

家认为此钱为辽代早期铸造，为纪念或赏赐性质，非流通货币。另外，契丹小字有压胜钱"天长地久"。一些契丹文在压胜钱上偶尔出现，许多钱文至今未解。

## 西夏文钱币

西夏（1038～1227年）是中国历史上由党项族在中国西北建立的一个少数民族政权，西夏钱币主要有西夏文和汉文两类。西夏文是中国古代羌、党项两族所使用的文字，由野利仁荣于1036～1038年间创造，共6000多字。他们使用多种造字方法，文字笔画十分繁多，与汉字同时使用。西夏文字影响巨大，西夏亡国之后，西夏文仍继续使用，元代称为河西字，明初曾刻印过西夏文经卷，明朝中叶还镌刻过西夏文石幢，使用时间长达四五百年。西夏文一字一音，字形方正，基本笔画与汉字相同，文字结构也采用类似汉字"六书"的会意字和形声字。近现代以来，因识者寥寥，被称为"天书"。西夏钱币虽然使用本民族的文字，但都是仿造汉文钱币铸造的，无论造型还是文字译意，都与宋钱币没有太大差别。西夏钱币铜铁并铸，有篆、真对钱，名称有通宝、元宝、重宝，币值有小平、折二，从这些看出西夏钱币受北宋钱币制度的影响，同时，相比于粗犷的辽钱，西夏钱币

图4-2 西夏文大安宝钱

的铸造比较精美，书法也比较俊逸、流畅，也反映了西夏的经济和文化已经发展到较高的水平，在一定程度上超过契丹族。大安宝钱（图4-2），西夏惠宗大安年间铸造，钱体较清脆，易碎。面文旋读，光背无文，版式较多，较多背月纹版。除此之外，西夏文钱还有贞观宝钱、福圣宝钱、乾祐宝钱、天庆宝钱等，均为古钱币中的珍稀品种。

### 女真文钱币

金朝（1115～1234年）是女真族在我国东北地区建立的少数民族区域性政权。据史料记载女真文有大小两种，1119年，颁行女真大字，是在仿照汉字的契丹文基础上创制的，并在金、元、明三代使用，后传到朝鲜。《女真语言文字研究》一书中介绍：1138年，颁行女真小字，但至今没有发现这种文字，它的形式结构和使用情况都不清楚，而且现存的女真文文献资料很有限。因此一般说来，传世女真文只有一种，大多数为表意字，少数为表音字。金王朝覆灭以后，女真文书籍散失殆尽。东北女真人沿用女真文到明朝前期。金代钱

图4-3 女真文大钱 中国国家博物馆藏

币主要受南宋币制的影响,因此金代铜钱被誉为"宋代铜钱的一面镜子",金代钱、钞、银三者并用,金钱仿于南宋纪年钱,有所创新的地支纪年钱,铸钱不惜工本,力求精整美观,较之西夏钱币无异更胜一筹。女真文大钱,折十型,金代铸造,包浆温润,四字钱文未识(图4-3)。它为我们提供了珍贵的实物资料,此钱应为仅存的孤品。

### 八思巴文钱币

元朝是蒙古族建立的一个幅员辽阔的国家政权,元代基本沿袭了宋金的钱币制度,基本使用纸币,兼用白银和铜钱,铸钱很多,但铸量普遍较小,元代钱币上铸有汉文、八思巴文两种文字。八思巴文是元世祖忽必烈即位后命国师八思巴创制的"蒙古新字",是根据当时的吐蕃文字而创制的,至元六年(1269年)作为国字正式颁布使用,用以取代标音不够准确的蒙古文字。八思巴文作为官方文字在整个元朝版图内广泛使用,后渐消亡。其字母多数采用藏文字母,自左向右按音节直行书写。八思巴文大元通宝(图4-4),是较为常见的民族文字古钱币之一,元至大二年铸造,存世量大,版式繁多。元代八思巴文钱币除了大元通宝之外,还有至元通宝、元贞通宝、大德通宝、

图4-4 元八思巴文大元通宝 上海博物馆藏

图4-5 元至元通宝四体文钱

至正通宝背文等。元钱中更有甚者，还发现了一枚有四个民族的文字同时铸在一枚钱上的——至元通宝四体文钱（图4-5），是元顺帝至元年间（1335~1340年）铸造的钱币。面文"至元通宝"四个字为汉文，背文穿上、穿下直读为蒙文八思巴文，穿右为察合台文，穿左为西夏文。因此，该钱被称为"四体文钱"。在历朝历代的古钱币中，面文和背文多达四体的，仅此一例，可谓空前绝后，显现了多民族国家的特色。

### 满文钱币

清朝是满族建立并统治长达两个半世纪的我国最后一个封建王朝。满族文字诞生于明代万历二十七年（1599年），当时清太祖努尔哈赤命额尔德尼和噶盖创制满文。二人在蒙古文字的基础上，加以改造形成满文。后清太宗年间，达海通过加圈点而对满文进行改进。于是就称最初创制的文字为"无圈点老满文"，改进以后的为"有圈点新满文"，后在全国普遍使用，成为清朝的国语。清朝在户部设宝泉局、工部设宝源局开始铸行钱币，各省钱局也同时仿效，由于民族融合，清钱的汉化程度已达到前所未有的高度，除钱背一些满文外，很难再在清钱中找到满族文化的特征。清朝灭亡以后，满文使用渐少。天命汗钱是努尔哈赤天命元年铸币，是满文钱币的一个代表，存世量大，版式繁多，较为粗糙，一般与汉文天命通宝钱成为对品，是我国铸币史上的一朵奇葩（图4-6）。

图4-6 清天命通宝满文钱

通过以上五种少数民族钱币的介绍，使我们对我国的少数民族钱币有了一个简单的了解，但并不全面。除此之外，还有粟特文、龟兹（qiū cí）文、回鹘（hú）文、察合台文、佉（qū）卢文等古老文字为我们留下的很多钱币。这些钱币都是中华民族的先民千百年来留下的深厚文化，为世人所瞩目。当然，还有许多古钱币上的少数民族文字期待我们去发现和解读，这些古文字都是我国悠久文化的一个永恒的印记，在古钱币等载体上被记载和传承。

## 2.农民起义军钱币

我国从殷商末年起，就有了被压迫阶级群起反抗的端倪，从秦末陈胜、吴广揭竿而起至太平天国运动，数千年中，大大小小，此起彼伏的农民起义，几乎没有停止过。农民起义稍有规模的，时间持久的，为了昭示存在并支持军饷都会铸造自己的名片——起义钱。然而有了钱，并不一定都能立住脚跟，取得政权；取得政权也不一定能够巩固政权，这就是农民阶级的历史局限性。而透过起义军钱币的铸造、流通、毁损及遗存，或

> **知识·小·档案**
>
> "起义钱"是中国历史上由农民起义军铸造发行的一种铜币，因此又称"造反钱"。在漫长的中国历史上，曾有多支农民起义军振臂而起，演绎出了一场场波澜壮阔的"农民革命"。

可窥视朝代更替所引发的生产关系的调整，以及社会生产力水平的提升。农民起义军铸币，反映了农民起义运动图存、发展、壮大的客观需要。可以说，起义军需要生存，就需要铸钱。钱币遗存于今，是历史的传承；湮没于尘，是历史的不幸。

### 唐末农民起义军钱币

唐朝末年发生的安史之乱，对唐朝的发展产生了重大的影响，唐朝开始由盛转衰。到了唐朝末年，皇帝更加昏庸无能，沉迷酒色娱乐，不理朝政，苛捐杂税严重，致使政治腐败，宦官专权，藩镇割据，朝臣党争，整个社会千疮百孔，民不聊生。唐宣宗大中十三年（859年），裘甫在浙东地区领导的农民起事，唐懿宗咸通九年（868年），庞勋在桂州（今广西桂林市）领导驻军起义，这两次变乱虽然很快被唐王朝镇压下去了，但是开启了更大规模起事的先声。宋祁《新唐书》总结教训："唐亡于黄巢，而祸基于桂林！"唐僖宗乾符年间，王仙芝、黄巢领导的唐末农民起义军一举席卷中原、江南地区，攻占长安（今陕西西安），于880年建立了政权，国号大齐，黄巢称帝。第二年，黄巢下令铸造发行"大齐通宝"，在自己的统辖区内购买粮食、布匹、食盐、牲畜、农具等主要生活必需品时一定要用"大齐通宝"，从而限制了唐朝的"官币"，使"大齐通宝"成为权威货币。

北宋初年，李顺领导的四川农民起义军一举攻下成都，李顺自称大蜀王，建元应远。994年，李顺下令铸造"应运元宝"钱。不久，李顺又改元"应感"，接着又铸造了"应感通宝"钱（图4-7）。为了使自己的货币能在领地顺利流通，他抵制官钱，并制定了一套货币

**知识·小档案**

有的学者提出，安史之乱不但是唐朝历史的分水岭，也是中国盛衰的分水岭。你的看法呢？并说明理由。

管理办法，设置官司，积儹财政，在当时起到了一定的作用。995年，宋军攻陷成都，大蜀政权灭亡，所铸的"应运元宝"和"应感通宝"钱成了犯禁之物，朝廷下令在四川各地全面搜罗销毁，有流传于世但至今难见。

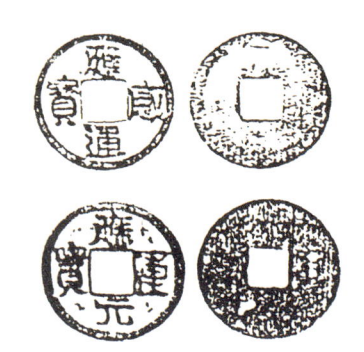

图4-7 应运元宝、应感通宝

### 元末农民起义军钱币

元朝最后一个皇帝元顺帝性情残暴，又荒淫无道。再加上元朝的种族歧视政策，人为地把臣民分为四等（蒙古人、色目人、汉人、南人），汉人和南人受到敌视和欺压，社会矛盾加剧，农民起义风起云涌，先后出现了几派割据势力，他们都独自称王，纷纷铸造发行自己的货币，出现了中国历史上绝无仅有的多种农民起义货币同时出现的局面。我们常把起义军中的张士诚、韩林儿、徐寿辉、陈友谅四支部队称为元末"四雄"，其实，元末农民起义军还有朱元璋、明玉珍等部，他们多铸造并发行

> **知识小档案**
>
> 徐寿辉的"天启通宝"被称为"徐天启"，它同明熹宗天启年间所铸的"天启通宝"是两种不同的钱币，各有特点。

过钱币。其中张士诚一派势力占据苏州一带，国号大周，年号天佑，铸有"天佑通宝"钱；韩林儿一派势力割据安徽亳州一带，国号宋，年号龙凤，铸有"龙凤通宝"钱；徐寿辉一派势力割据湖北一带，国号天完，年号治平，后又改元天启，铸有"天启通宝"钱，第二年又改称天定，另铸"天定通宝"钱；在徐寿辉一派势力中，其部将陈友谅崛起壮大很快，控制了政权，自称汉王，对其构成很大威胁，后来陈友谅索性杀了徐寿辉，自立为帝，改国号汉，年号大义，铸有"大义通宝"钱；朱元璋一派势力占据南京，自称吴王，铸有"大中通

宝"钱（图4-8），只是朱元璋后来夺取了政权，建立了明朝（1368～1644年），这也是中国历史上最后一个由汉族建立的大一统王朝。人们通常把朱元璋起义时铸造的"大中通宝"钱列为明朝的第一种钱币，实际上明朝建国后正式铸行的第一种钱应该是"洪武通宝"钱。

图4-8 大中通宝背五福

元末农民起义军各派势力所铸的钱币，大多铸工精良，文字优美。由于铸造时间短，流通范围小，发行数量有限，流传至今的上述钱币已经十分稀少，因而显得尤其珍贵。

### 知识小·提示

自洪武通宝起，明代的铜钱就只称为"××通宝"而没有"××元宝"，这是为什么呢？原因竟是要避讳，明代的开国皇帝朱元璋的名字中有个"元"字，所以有明一代都没有叫"元宝"的钱了。

### 明末农民起义军钱币

明朝末期，天灾人祸不断发生，阶级矛盾日益尖锐。明朝廷面对皇太极（即清太宗爱新觉罗·皇太极，清初杰出的军事家、政治家，后金第二位大汗、清朝开国皇帝。）在边外的威胁和内地的灾荒，为了节省开支，精简机构，被迫对驿站进行改革，而陕西又逢旱灾，大批原来依靠驿递勉强维持生计的壮丁被迫逃亡，其中相当一部分人只有铤而走险加入了农民起义队伍。当时有两支农民起义军最为强大，

**图4-9 永昌通宝**

一为李自成领导的农民起义军,一为张献忠领导的农民起义军,他们在建立政权后也都铸造过自己的钱币。1644年"闯王"李自成在西安称王,建立大顺政权,铸"永昌通宝"钱(图4-9)。该钱字体以楷书书写,背无文,流传至今的有小平钱、折五钱两种,其中小平钱的版别有二十多种,有明显的明钱风韵。在同一年,也是1644年,另一起义军领袖张献忠夺取四川,在成都称帝,建立大西政权,铸"大顺通宝"钱。不久,他的部下孙可望也铸造了"兴朝通宝"钱,两种钱币都可以在领地内流通。此外,他们还铸有"西王赏功"大钱(图4-10),专门用于赏赐大西军中有功将士,属纪念性质,不是流通钱,有金、银、铜三种,是中国古钱"五十名珍"之一。正面"西王赏功"四字为楷书,字体浑朴,笔画挺拔,该币制作极精美,存世极少,现流传于世的只有金银两种。后来他兵败四川,有大量金银沉入岷江江底。2017年,随着被称为"世界级的考古大发现"的四川眉山彭山区江口"江口沉银遗址"被发现,张献忠江口沉银传说得到证实,该遗址已入选"2017全国十大考古新发现"。

图4-10 西王赏功金钱 上海博物馆藏

### 晚清农民起义军钱币

鸦片战争后，中国开始沦为半殖民地半封建社会。西方列强凭借《南京条约》等一系列不平等条约，从政治、经济各方面大肆侵华。清政府为了支付高达2800万元的战争赔款和赎城费，弥补由于鸦片大量输入而造成的财政亏空，加紧横征暴敛，增加税收一至三倍以上。兼之外国工业品大量倾销，使中国城乡手工业受到摧残，农民和手工业者纷纷破产。地主阶级乘机兼并土地，加重剥削。民族矛盾的加剧促进了国内阶级矛盾的激化，广大农民饥寒交迫，纷纷揭竿而起，晚清爆发的农民起义中影响最大的当属洪秀全领导的太平天国运动，这是清朝后期的一次由农民起义创建的农民政权，也是中国历史上时间最长、规模最大的一次农民战争。太平天国的前身是1843年创立的"拜上帝会"。1850年末至1851年初，洪秀全在金田起义，建立"太平天国"，于1853年3月攻下江宁（今江苏南京），并定都于此，改称天京。太平军部队曾占领长江中下游地区。至1864年天京陷落止，总共存在14年。洪秀全在南京称帝后，立即成立了"铁局"，铸造钱币"太平天国""太平通宝"和"太平圣宝"。"太平圣宝"正面为楷书"太平圣宝"四字，背面为"天国"二字，制作精美（图4-11）。

图4-11 太平圣宝钱

太平天国铸币基本上是集国号与圣宝钱名于一身,国号中天字含有至高无上之义,故有天朝、天王、天京之称。钱名为圣宝,一是与清王朝铸币宝文有所区别,二是赞美拜上帝教宗教纲领,圣即指上帝,认为万物统归上帝,非个人所私有。背文"天国",国字口中从"王"不从"玉",这与天王洪秀全认为太平天国是王者之国有关。

农民起义军铸币,是我国封建社会阶级矛盾和阶级斗争不可调和的史证,是农民群众主宰自己命运的象征,是一定历史阶段货币变革的历史遗存。

## 3.民国时期纸币

民国时期（1912~1949年）的中国正处在半殖民地半封建社会，这个时期是历史上最混乱的时代之一，也是历史上货币流通最混乱的时代之一。民国时期的钱币名目繁杂，令人眼花缭乱，至今也没人能说得清民国到底有多少种钱币。在那个年代，村里可以发行钱币，钱庄印有各种钱庄票，银号发行银票，还有南方国民政府发行的"毫洋券"，北方北洋政府发行的"大洋券"，交通银行发行的"中交票"，农业银行发行的"新钞券"，日本正金银行发行的"正金票"，香港汇丰银行发行的"汇丰票"……民国时期发行的这些纷杂

> **知识小档案**
> 中华民国国民政府，是中华民国训政时期的中央政府机构与最高行政机关。1925年至1928年与北洋政府相互对峙，北伐成功之后为代表中国的唯一合法政府，1937年起带领中国进行抗日战争。

> **知识小档案**
> 北洋军阀政府，是指中华民国前期以袁世凯为首的晚清北洋军阀在政治格局中占主导地位的中国中央政府。北洋政府首脑袁世凯死后，各军阀割据导致分裂，以军队为主要力量在各省建立势力范围。

的钱币，从性质和使用范围上面来分，主要有五大类：第一类是红色政权货币，包括红军纸币，也叫苏维埃纸币和解放区纸币（也叫根据地纸币）；第二类是国民政府发行的纸币；第三类是地方发行的纸币；第四类是私人钱庄、钱铺、银号发行的纸币；第五类是抗日战争时期伪政府发行的纸币等。

在这一部分，我们主要为大家介绍民国时期第一类和第二类钱币，即红色纸币和国民政府发行的纸币。

### 带有革命烙印的红色货币

红色货币是1949年新中国成立以前中国共产党领导的红色政权发行的各种货币的统称。逐渐形成于第一次国内革命战争、第二次国内革命战争、抗日战争、解放战争时期，由各地苏维埃政权、抗日根据地、解放区政府各个革命根据地发行，是革命时期中国红色政权的经济生命线。

> **知识小档案**
>
> 第一次国内革命战争是指1924至1927年中国人民在中国国民党和中国共产党合作领导下进行的，是中国人民反对北洋军阀统治的战争和政治运动。
>
> 第二次国内革命战争是中国共产党领导中国工农红军和中国人民为反对国民党蒋介石集团的反动统治，废除封建土地制度，建立工农民主政权而进行的革命战争。
>
> 抗日战争指20世纪中期第二次世界大战中，中国抵抗日本侵略的一场民族性的全面战争。从1931年9月18日九·一八事变起，至1945年8月15日日本宣布无条件投降止，共历经14年。
>
> 解放战争是1945年8月至1949年9月中国人民解放军在中国共产党的领导下，为推翻国民党统治、解放全中国而进行的战争。

1924～1949年，在中国共产党领导下的革命组织，如农民协会、苏维埃政府、抗日根据地八路军、新四军金融组织、解放战争时期各地区银行所发行的纸币，就是红色纸币。曾有人统计过，不同发行机构共发行了不同面额、不同版别、不同年份、不同印色的纸币1588种，但就目前出现的实物来看，品种远远多于这个数字。下面分四个阶段为大家介绍：

第一阶段：北伐战争时期农民协会货币

1924~1927年，农民革命政权在打破封建秩序以后，为活跃农村经济，方便农民借贷，在许多地区建立了金融组织，发行了自己的货币，如"浏东平民银行常洋券""浏阳金刚公有财产保管处"的期票、"黄冈县信用合作社流通券"等，是中国工农革命政权早期的货币。

第二阶段：土地革命战争时期苏区纸币

1927年，蒋介石发动四·一二反革命政变以后，各革命根据地苏维埃政府为了冲破敌人的经济封锁，先后以工农银行、苏维埃政府以及其他经济部门的名义，发行了150余种纸币和10余种布钞。随着根据地的逐步统一，苏区的货币经历了由区、县银行货币到特区和省银行货币，最后统一为中华苏维埃共和国国家银行及其各分行的货币。1932年3月，中华苏维埃共和国国家银行在江西瑞金叶坪成立，当时打算发行5分、1角、2角、5角、1元、5元、10元7种面额的纸币，但由于战争的原因，5元和10元纸币没有发行。

> **知识小档案**
>
> 四·一二反革命政变是指1927年4月12日，以蒋介石为首的国民党新右派在上海发动反对国民党左派和共产党的武装政变，大肆屠杀共产党员、国民党左派及革命群众。使中国大革命受到严重的摧残。

第三阶段：抗日战争时期根据地纸币

从1938年起，除中央所在的陕甘宁边区外，又在华北敌后先后建立了晋察冀、晋冀鲁豫、晋绥、山东等抗日根据地，在华中先后建立了苏北、苏中、浙东、皖中等八个抗日根据地，在华南建立了东江和琼崖抗日根据地。这些根据地为发展农业生产，防止和抵制敌伪钞的侵入和流通、保护根据地人民的财富，都分别设立了自己的银行，发行了纸币。在抗日战争中各根据地发行的货币，一般称为"抗币"或"边币"。

第四阶段：解放战争时期解放区货币

解放战争初期，原华中抗日根据地的各行政公署设立的地区性银行合并组成了华中银行，东北解放区增设了东北银行、嫩江银行、关东银行，内蒙古自治区增设了内蒙古人民银行，中原地区增设了中州农民银行，冀热辽解放区先后增设了热河省银行和长城银行等，这些银行都在艰苦的条件下发行了自己的纸币。

## 不断贬值的民国政府法币

所谓"法币"，就是国民政府授权中央银行1935年后发行的钞票，从字面上可理解为政府批准的"具有法律效力的钱币"，亦即具有无限偿还能力的货币，这是1935年秋，国民政府以紧急法令形式公布的《法币政策实施办法》中规定的。

说到民国的法币，就要从1927年国民政府定都南京说起。1927年6月，财政部饬令停铸"袁大头"，仿民国元年孙中山开国纪念币，以最快的速度改铸新式国币。1933年3月，财政部开始在上海制铸，但没来得及投入流通。1933年3月10日，国民政府财政部发布《废两改元令》，中国币制开始废用银两，改用银元。1935年9月，南京国民政府以紧急法令形式公布《法币政策实施办法定》，进行货币改革，白银收归国有，于是银元停铸，由政府授权中央、中国、交通、农民等六家银行发行"法币"。法币割断了货币与白银的联系，法币成了不兑换的纸币，国民党政府一下子搜集到3亿元白银，这种金融垄断为其推行通货膨胀政策大开方便之门。在抗日战争和解放战争期间，财政支出增加，法币大量发行，导致其急剧贬值。1937年抗战前夕，法币发行总额不过14亿余元，到1945年日本投降前夕，法币发行额已达5千亿元。到1947年4月，发行额又增至16万亿元以上。1948年，法币发行额竟达到660万亿元以上，等于抗日战争前的47万倍，物价上涨3492万倍，法币彻底崩溃。

> **知识小档案**
>
> 1947年7月30日的《大众晚报》刊载了不同年份100元法币购买力的变化:"1937年,可买两头牛;1938年,可买一头大牛、一头小牛;1939年,可买一头大牛;1940年,可买一头小牛;1941年,可买一头猪;1942年,可买一只火腿;1943年,可买一只老母鸡;1944年,可买一只小母鸡;1945年,可买一条鱼;1946年,可买一个鸡蛋;1947年,可买一只煤球;1948年,仅能买4粒大米。"最终,1948年8月21日,法币彻底崩溃。据记载,同一时期上海的物价上涨了492.7万倍。

抗日战争后解放战争爆发,战争使得国民政府军费急剧增加,引起财政赤字直线上升。为了支付军费大量印刷法币,导致物价疯狂上涨,法币贬值到几近崩盘,战前能买一套房子的法币,到1948年已买不到一袋面粉。1948年8月19日,国民党统治区社会经济面临崩溃,通货膨胀极为严重,为挽救其财政经济危机,国民党政府不得不开始筹划另一次货币改革,以维持日益扩大的内战军费开支,决定废弃法币,改发金圆券。1948年8月18日,政府下令实行币制改革,以金圆券取代法币,强制将黄金、白银和外币兑换为金圆券。但由于滥发造成恶性通货膨胀,致使大量城市中产阶级因此破产,导致政府民心大失。至1949年7月停止流通,只使用了10个月左右,贬值却超过2万倍,这最后一根稻草也未能挽救民国政府金融崩溃的命运。这也是国民党在国共内战中迅速垮台的原因之一。

> **知识小档案**
>
> 金圆券是解放战争后期中华民国政府为支撑其崩溃局面而发行的一种本位货币。1948年8月19日开始发行,至1949年7月停止流通。

## 4.效仿中国制造的各种东南亚钱币

中国的钱币文化历史悠久、博大精深，早在商周时期就形成了各种各样的货币，后来秦国统一六国之后，统一圆形方孔钱作为通用货币，我国邻邦日本、朝鲜、越南等东亚很多国家的货币体系都受到了中国的影响，其古币有类似中国铜钱的特点：形制多为圆形方孔钱，币面以汉字为主，材质以铜为主，硬币多为铸造。

在长达上千年的时间里，中国与日本、朝鲜、越南等邻国的钱币相互影响，相互补充，形成了独具特点的东亚货币体系。也正是由于这个原因，三国钱币大量流入中国，我国境内多地发现了许多邻国古钱，现存世界上最早的钱币学专著南宋时期洪遵的《泉志》最先将它们载录其中。

> **知识·小·档案**
>
> 大家可以去自学日本、朝鲜、越南的历史，这三个国家自古以来就跟我国有着千丝万缕的联系，其政治、经济、社会、文化等方面深受中国的影响，但各自也有所不同。

### 流通中日的日本钱

中日两国一衣带水，历史上民间经济、文化交往源远流长。单从两国历史上的钱币交往中，就略见一斑。世界各国中，最早仿效中国铸造方孔圆钱的是日本。唐代时，两国之间的交往更加频繁，唐文化对日本影响极大。日本第一种自铸官币是"和同开珎"银、铜钱，诞生于奈良朝元明天皇和同元年（708年，唐中宗景龙二年），系按照中国唐代开元通宝制式铸造，后由遣唐使团作为礼物带到中国（4-12）。

此后250年间，各朝天皇又铸有万年通宝、神功开宝等11种铜钱，连同和同开珎，被日本钱币学家总称为"皇朝十二钱"或"皇朝

### 知识小档案

和同开珎是唐玄宗开元年间（713～741年）流入中国的日本铜钱，是邻邦流到中国最早的方孔圆钱。圆形方孔，币面为"和同开珎"四字，是仿照唐代开元通宝而铸成的。"同"是"铜"的简化；"珎"是"宝"的简化，读作"珍"。

### 知识小档案

奈良时代（710～794年），开始于日本天皇迁都平城京（今日本奈良），至天皇迁都于平安京（今日本京都）结束。此期间历代天皇注重农耕，兴修水利，奖励垦荒，社会经济得到大发展，此时的奈良朝受中国盛唐文化的影响，又通过唐朝接受到印度、伊朗的文化，从而出现了日本第一次文化全面昌盛的局面。

图4-12 日本和同开珎

十二文"。日本古币造型奇特，质量精美，为外国古币之冠。大概由于日本铜资源严重缺乏，所以在"皇朝十二钱"之后将近500年间，日本主要依靠输入中国钱币作为流通货币，自己仅在相当于中国明代中期以后由长崎地方仿照中国宋代和明代年号钱铸了一批贸易钱，如"祥符元宝""元丰通宝"及"洪武通宝"等，即"长崎贸易钱"，供与中国开展贸易之用。这些钱币混同其他日本年号钱大批流入中国。

> **知识小档案**
>
> 天皇是日本君主的称号，相传为日本神话中的创世之神天照大神的后裔，也是神道教最高领袖，日本国家的象征。从神话传说的神武天皇到现在明仁天皇共125代。中国开始称日本元首为天皇约是在清末的同治年间。

到19世纪60年代，日本共铸行方孔圆钱30余种。日本币与中国币的不同处是：造型奇，除圆形外还有各种形态；质量精，币质有铜、金、银等，币面文字用中文、称通宝等；但年号多数与中国皇帝不同。

日本历史上铸行时间最长、铸量最大、版别最多的一种钱币，同时也是流入我国数量最多的外国钱币之一，就是日本的宽永通宝（图4-13）。宽永通宝始铸于日本后水尾天皇宽永二年（1626年），从

图4-13 日本宽永通宝

1636年开始大量铸造，日本各地的钱炉均有铸造，至明治初年仍在使用，流通长达240余年。明治时期（1868～1912年），随着机制币在日本铸行，宽永通宝才逐渐停铸。

宽永通宝在日本货币史上的地位，相当于开元通宝在中国、常平通宝在朝鲜的地位。在以中国传统文化为基础的庞大的东亚货币体系中，我国的开元通宝、朝鲜的常平通宝和日本的宽永通宝往往被研究者视为最具有代表性的三大名钱。

在长期的中日贸易和交往中，特别是明清时期，由于铜钱铸行严重不足，为宽永通宝流入中国提供了条件，其数量之多，竟然超过了一些明代的年号钱。由于制作精良，为当时我国民间所乐用，成为流入中国最多的外国钱币之一。直至近年，宽永通宝在中国各地仍有发现，以山东等东南沿海省份为多。这是因山东等沿海省份物产丰富，经济发达，地处沿海港口，临近京都，是日本商人的理想口岸和贸易场所。几百年来，宽永通宝作为中日两国人民开展经济文化交流的纽带和使者，经历了中日关系史上坎坷不平的曲折道路，但它一直是中日两国人民经济文化友好往来的最好见证物。

### 版式繁多的朝鲜钱

朝鲜古有"东国"之称，早在10世纪末（相当于中国北宋初），高丽王朝即仿造中国钱币形制铸造圆形方孔钱，自开铸乾元重宝背文"东国"开始，又陆续铸有三韩通宝或重宝，海东通宝或重宝，东国通宝或重宝，均为我国宋代时朝鲜所铸，这三钱是朝鲜钱中少见的精品，传世都很少，因当时朝鲜市井交易多用米和布帛代替钱币，间或使用中国铜钱。

**知识小档案**

高丽王朝（918～1392年），又称王氏高丽，是朝鲜半岛古代国家之一。后来阿拉伯商人将高丽的名称传播到欧洲世界，是今天韩国国名英文Korea（Corea）单词的原型。"高丽"也成为朝鲜民族的别称。

### 知识小档案

朝鲜王朝（1392~1910年），又称李氏朝鲜，是朝鲜半岛历史上最后一个统一的封建王朝。

1392年（相当于我国明洪武年间），高丽王朝将军李成桂废王自立，改国号为"朝鲜"，史称"李朝"，开始铸造朝鲜通宝。早期所铸朝鲜通宝为真书平钱，制作精好，传世较多；后期所铸朝鲜通宝则为隶书钱，铜色黄褐，文字不甚规整，笔画粗细不一，钱体大小不等，精粗互见，但存世很少。

常平通宝，朝鲜李朝仁祖李倧十一年（1633年，明崇祯六年）由常平厅设监始铸，故而得名（图4-14）。"常平"二字，亦寓有"天下太平，物价平准"之意。自17世纪至19世纪末（相当于中国明末清初至清末），朝鲜李朝铸行常平通宝铜钱长达200多年，从根本上改变了朝鲜历史上货币稀缺的局面，可称得上是朝鲜历史上最长寿的钱币，被誉为"朝鲜第一钱"。

**图4-14 朝鲜常平通宝**

朝鲜钱均用汉文，形态均类似中国，唯其一般用国名地名称通宝而不用年号，此不同于中国。除初铸之光背者外，背文有记监、记官、记地、记数、记值、记天干地支、五行八卦的，还有录用中国《千字文》开篇文字的，版式极为浩繁，仅存世的就多达6000余种，数不胜数，堪称世界上种类最多的钱币之一。

### 效仿中国的安南钱

越南古代有"安南"之称，因此，我们习惯上将越南古代钱币统称为"安南钱"。越南（安南）仿效中国铸年号钱，是中国以外铸行方孔圆钱时间最长、品类最多、数量最大的国家，被钱币学家称为"中国钱币文化的坚定守望者"。其特征形态均同于中国钱币，一般均称通宝。

安南与中国有着两千多年密切的历史关系，安南时而为中国所管辖，时而是中国的藩属，时而独立于中国，受中国政治、经济、文化影响很深。这种影响，十分鲜明地反映在安南货币上。安南早期未铸过钱币，所使用的货币都是中国历代王朝所铸钱币。安南从丁朝大胜明皇帝太平元年（970年）仿照中国钱币形制，铸太平兴宝钱开始，直至1945年越南最后一个皇帝、铸有保大通宝的保大帝退位，铸行方孔圆钱长达近千年。值得一提的是，越南停铸汉文通宝钱的时间，比中国还要晚。

> **知识小·档案**
>
> 丁朝（968～980年），是越南的封建朝代，也是越南地区从中国正式独立后建立的第一个封建王朝。其建立者丁部领扫荡越南境内的割据势力，统一了全国（当时国境相当于现在的北部地区），于968年建政称帝，国号大瞿越。

历代安南钱中，可考的年号钱有一百余种，无年代可考的也有数十种。此外，除历代王朝所铸钱币外，安南还长期混合流通大量的中国铸造的钱币、仿效中国钱币所铸的钱币、地方政权和割据势力所铸的钱币及其他私铸钱币。近代以来，越南地区战乱频仍，多灾多难，古代典籍遭到破坏，史料严重缺失，很多曾在安南流通过的钱币的具体情况，都很难找到历史记载。

由于安南铜资源较少，历朝当时所铸钱币往往不能满足社会流通需求，因此，安南历代统治者对货币的态度是不拒前朝钱，不拒绝外来钱,凡是方孔圆钱都能在社会上合法流通。尤其在古代,铜钱无论大小均以枚计值,因此钱的数量越多,重量越轻,铸造者获利越大。体轻铜薄的"水漂钱"在安南钱中所占比例很大,大量的"水漂钱",质量低劣、品相恶俗,与中国古代所铸的铜钱无法相比,与古代日本、朝鲜等国仿照中国钱币所铸的钱币亦无法相比,是三国古钱中质量最劣者。

**图4-15 越南景兴通宝**

景兴钱,在历代安南钱中特别值得重视。景兴钱系后黎朝显宗景兴年间(1740~1777年,时值清乾隆五至四十二年)所铸,为安南货币史上铸造时间最长、品种最多、数量最大的一种钱币(图4-15)。面文"景兴通宝"直读,有真、行、隶、篆多种书体,文字变化各异。除光背或有星号的钱币外,真书钱背尚有干支记年、记地、记方位数字等。

## 5.中国境内发现的丝路货币

丝绸之路，是指起始于古代中国，连接亚洲、非洲和欧洲的古代商业贸易路线。从运输方式上分为陆上丝绸之路和海上丝绸之路。陆上丝绸之路始于西汉（公元前202~公元8年），汉武帝派张骞出使西域开辟的以首都长安（今陕西西安）为起点（东汉延伸至洛阳），经甘肃、新疆，到中亚、西亚，并连接地中海各国的陆上通道。丝绸之路是一条东西方之间经济、政治、文化进行交流的主要道路，它的最初作用是运输中国古代出产的丝绸。1877年，德国地质地理学家冯·李希霍芬在其著作《中国》一书中，把"从公元前114年至公元127年间，中国与中亚、中国与印度间以丝绸贸易为媒介的这条西域交通道路"命名为"丝绸之路"，这一名词很快被学术界和大众所接受，并正式运用。丝绸之路是东西方之间融合、交流和对话之路，近两千年以来为人类的共同繁荣作出了重要的贡献（图4-16）。

图4-16 丝路钱币图 甘肃省钱币博物馆藏

丝绸之路是贸易之路，作为丝绸之路的见证者，丝绸之路上的钱币一直伴随着古丝绸之路的兴衰不离不弃，虽然几千年来的丝绸之路上有无数次大小规模的王朝更替与人口迁徙，其中究竟涉及到多少种钱币种类至今没有人能说得清，但这丰富的经历更是赋予了丝路钱币深刻的文化内涵和重要的历史价值。丝路古钱币不仅见证了丝绸之路上东西方物质文明的交流，也为文化方面的交流承载着信息。在东西文化交流史的研究中，有着特殊的地位。在此，我们主要介绍在丝绸之路上发现的西方各国传入我国的货币。

### 罗马帝国钱币

罗马帝国（公元前27～公元395年），是以地中海为中心，跨越欧、亚、非三大洲的大帝国，正式名称为"元老院与罗马人民"。早在清代，就在山西灵石出土了16枚罗马帝国铜币。其后在1906年，英国考古学家斯坦因在新疆叶城购买到2枚罗马帝国金币。

> **知识小档案**
> 马尔克·奥莱尔·斯坦因（Marc Aurel Stein, 1962～1943年），文献中亦见"司代诺"、"司坦囊"等。原籍匈牙利，是一名犹太人，1904年入英国籍。世界著名考古学家、艺术史家、语言学家、地理学家和探险家，国际敦煌学开山鼻祖之一。曾经分别于1900～1901年、1906～1908年、1913～1916年、1930～1931年进行了著名的四次中亚考察，考察重点是中国的新疆和甘肃，所发现的敦煌吐鲁番文物及其他中亚文物是今天国际敦煌学研究的重要资料。

2014年5月7日，意大利发行古罗马第一代皇帝奥古斯都逝世2000周年纪念银币（图4-17）。该币为意大利法定货币，由意大利造币厂铸造。其正面图案为罗马国家博物馆奥古斯都大理石雕像造型，环刊意大利国名英文字样；背面图案为仙鹤、花卉代表和平的组合造型，环刊奥古斯都全名，并刊面额及奥古斯都卒年与2014字样。

奥古斯都银币（图4-18），正面是年轻的奥古斯都的头像，据说奥古斯都留下的钱币头像、雕塑，都是其年轻时候的模样，未发现其老态龙钟的形象。作为一个雄才大略、心思缜密的政治家，时刻保持其在民众心目中神一般的伟大形象，以巩固其统治权威。奥古斯都（公元前63～公元14年），原名盖乌斯·屋大维，是古罗马帝国的开国君主，元首政制的创始人，统治罗马长达43年，是世界历史上最为重要的人物之一。他是恺撒的甥孙，公元前44年被恺撒收为养子并指定为继承人。并于恺撒被刺后登上政治舞台。公元前1世纪，他平息了企图分裂罗马共和国的内战，被元老院赐封为"奥古斯都"（意为神圣者、至尊者），并改组罗马政府，给古罗马帝国带来了两个世纪的和平与繁荣。

图4-17 罗马皇帝奥古斯都逝世2000周年纪念银币 意大利国立罗马博物馆藏

图4-18 奥古斯都银币 上海博物馆藏

### 拜占庭帝国钱币

拜占庭帝国（395～1453年），也被称为东罗马帝国。拜占庭帝国是395年罗马帝国分裂成东西两个罗马后，以君士坦丁堡（今伊斯坦布尔）为首都建立的东罗马帝国。拜占庭帝国与我国交往频繁，史书上很早就有相关记载，称之为"拂菻国""大秦国""海西国"。

从拜占庭帝国建国之初起，拜占庭即实行货币的金银本位制。在帝国境内流通的货币有金、银、铜币，在国际贸易中则使用金银币。13世纪以前，拜占庭控制着东地中海贸易，其币值稳定，拜占庭金币是国际通用货币，享有很高的信誉度。

1897年，在新疆和田古城废墟中，俄国人古德弗德发现了我国境内出土的首枚拜占庭金币。1906年，英国考古学家斯坦因在新疆叶城购买2枚拜占庭银币。1914~1915年，斯坦因在新疆地区吐鲁番阿斯塔那考古时又发现了拜占庭金币。后来又出土了一些，主要出土地点都在丝绸之路沿线或丝绸之路的延伸线上。1945年，甘肃武威唐墓出土了1枚拜占庭金币；1953年，陕西咸阳附近的一座隋墓中，发现1枚拜占庭帝国金币；1979年，河北磁县东魏茹茹邻和公主墓中，也发现了2枚拜占庭帝国金币；1981年，河南洛阳龙门唐墓发现了1枚拜占庭金币，正面为头戴王冠、留着长须的拜占庭皇帝半身像，背面是长着翅膀的胜利女神；1996年，宁夏固原西郊北周田弘墓中出土5枚金币。

> **知识·小·档案**
>
> 东魏茹茹公主墓位于河北磁县大家营村，1978年9月至1979年6月发掘。以其规模大，出土器物多，艺术水平高，在墓道、墓门、甬道、墓室的墙壁上，都绘有精彩的壁画（这在北朝墓中是罕见的），在国内外轰动一时，属于重大考古发现。

图4-19 拜占庭帝国阿纳斯塔修斯一世金币 大唐西市博物馆藏

阿纳斯塔修斯一世金币，钱币正面为拜占庭帝国皇帝阿纳斯塔修斯正面像；背面是天使和立有十字架的多层祭坛，印有希腊文和拉丁文（图4-19）。阿纳斯塔修斯一世公元491～518年在位，61岁娶上任皇帝遗孀为妻，继位为皇帝。在位期间，实行了彻底的财政和行政改革。为保护君士坦丁堡，建立了一道从黑海延伸到马尔马拉海的长城。

### 波斯萨珊王朝银币

波斯萨珊王朝是继阿契美尼德王朝、安息王朝（帕提亚王朝）之后建立的第三个波斯王朝。在安息王朝时，波斯便与我国有交通往来。关于其钱币，《史记·大宛列传》中记载了安息国"以银为钱，钱如其王面。王死，辄更钱效王面"的铸币情况，是为首次在我国文献中记载波斯银币。

1915年，在新疆吐鲁番地区，英国人斯坦因发现了我国境内出土的第一枚波斯萨珊王朝银币。此后的一个世纪，特别是20世纪50年代以来，中国境内相继出土了大量的波斯萨珊银币。1955年，河南洛阳

> **知识·小·提示**
> 
> 走进博物馆看到有些展品的说明牌上经常会标出M30、H7等代号，这些考古学代号都是什么意思呢？在考古发掘中，出土的遗物要按它所在的出土单位来编号，所以考古工作者就用一些字母来表示出土单位，其中有：M-墓葬、H-灰坑、G-沟、Y-窑址、J-井、Q-墙、T-探方等。

北邙山唐墓M30中，出土17枚波斯萨珊银币；1959年，新疆克孜勒苏柯尔克孜族自治州乌恰山中一次性就发现了947枚萨珊银币，与13根金条在一个袋囊中；1964年，河北定县北魏塔基下发现了41枚萨珊银

图4-20 波斯萨珊王朝库思老二世银币 丝绸之路古代国家钱币博物馆藏

币。此后在新疆吐鲁番高昌古城、河南洛阳郊区、广东遂溪窖藏中均有大量出土。

库思老二世银币，钱币正面为侧首的半身王者像，头戴高冠，王像前有钵罗婆文王名"库思老"的铭文（图4-20）。在连珠纹的外框边缘上，顶部有一新月，抱一圆形物，左右两侧和下方都有一个新月，与左侧的六角星相对称；背面中央置祭坛，两旁各站一祭祀，双手置于胸前持利剑。库思老二世590～628年在位，波斯处于国力强盛、经济繁荣时期。为了与中国互通有无，满足贸易的需求，大量铸造新币。因此，库思老二世时期的银币成为在中国境内遗存数量最多的一种。出土地点大部分在"丝绸之路"上或者在它的延长线草原丝绸之路上。

## 阿拉伯帝国金币

阿拉伯帝国（632～1258年）是中世纪时阿拉伯人建立的伊斯兰国家。主要经过了四大哈里发时期（632～661年）和倭马亚王朝时期（661～750年）、阿拔斯王朝（750～1258年）两个世袭王朝。疆域一度扩大到地跨欧、亚、非三大洲，成为显赫一时的"阿拉伯帝国"。唐代以来的历史文献中，如《旧唐书》《新唐书》《宋史》等，均称之为大食国。

截止目前为止，阿拉伯帝国金币发现共三批，分别是1964年陕西西安西窑头村唐墓出土的3枚倭马亚王朝金币、1987年新疆博乐发现的3枚阿拔斯王朝金币和2004年河南洛阳钱币学会征集到的1枚阿拉伯金币。

倭马亚王朝金币，钱币上刻铸伊斯兰教清真言（图4-21）。倭马亚王朝定都大马士革，因崇尚白色，中国史书称"白衣大食"。王朝在阿卜杜勒·马利克任哈里发时代（685~705年）进行了币制改革，发行阿拉伯帝国第一种用文字做钱文的硬币第纳尔，现不少阿拉伯国家的货币名称仍叫"第纳尔"，可见影响之深远。

图4-21 阿拉伯帝国倭马亚王朝金币 大唐西市博物馆藏

**知识小提示**

搜一搜，哪些国家的货币还叫作"第纳尔"呢？如：阿尔及利亚、科威特、苏丹、塞尔维亚、巴林、突尼斯、约旦……

### 贵霜帝国钱币

贵霜帝国（约30~250年）于公元1世纪上半叶，在丘就却的带领下兴起于中亚，后在迦腻色伽统治时期逐渐壮大，成为中亚霸主，占有两河流域、伊朗东部和阿富汗大部以及印度北部，与当时的罗马帝国、波斯帕提亚（安息）帝国、中华帝国（东汉王朝）并称亚欧四大帝国。贵霜原是中国古代游牧部落的一支，我国古时称其月氏或大月氏，亦称焉耆。

> **知识·小档案**
>
> 大谷光瑞（1876～1948年）日本明治时代至昭和时代僧侣、宗教家、探险家、历史学家、考古学家。明治三十五年（1902年）至大正二年（1913年）三次向中亚、西域派遣探险队，取得丰硕的考古成果。他遍访敦煌、吐鲁番、楼兰、西藏等地区盗窃中国文物，并从事被盗中国文物的整理研究以及相关著述工作。

1906年英国人斯坦因在我国新疆和田收集到了1枚属丘就却铜币和13枚属阎膏珍铜币，20世纪初，日本人大谷光瑞在和田考察时收集了5枚属迦腻色伽一世铜币。20世纪80年代以后，又面世了几批为数不多的贵霜铜币。现已刊布的在我国境内发现的贵霜帝国钱币有99枚，再加上博物馆馆藏和个人私藏，我国境内的贵霜铜币数量应不少于数百枚。

贵霜钱币采用希腊打压法制造，质地有金、银、铜等材质，其钱"圆形无孔，钱面图案似为单人骆驼"。钱币正面往往以文字、人物与图案设计并重，形制千姿百态，形状近似圆形或椭圆形等；钱币背面常常是"贵霜化"了的希腊、伊朗和印度诸神。

迦腻色伽一世金币，正面是迦腻色伽面向左站像，手持权杖，贵霜文"王中之王贵霜王迦腻色伽"，背面是湿婆神，面向左站立，左上手持金刚杵，左下手持瓶倒圣水，右上手持三叉戟，右下手牵一只公羊，左前方徽记，右边文字湿婆（图4-22）。迦腻色伽一世是贵霜帝国影响最大的君主。生卒年不详。原为阎膏珍监管天竺的将领之一，阎膏珍死后拥兵自立，经多年混战扫平群雄，成为贵霜新主。他在位期间贵霜帝国势力鼎盛，称霸中亚、南亚，并积极发展对外关系。我国的新疆楼兰遗址及和田地区曾出土发现数十枚贵霜钱币，这表明早在古代，贵霜王国

**图4-22 贵霜帝国迦腻色伽一世金币**

与我国西域就有经济贸易往来。同时表明，贵霜钱币在汉唐时期通过丝绸之路就已经传入了中国。

中国境内发现的古代外国钱币除了上述四种外国钱币外，还有突厥汗国钱币等。在绵延万里的丝绸之路上，东方的中华文化与西方的希腊、罗马文化，以及波斯文化、伊斯兰文化等都通过商贸往来彼此传播，相互影响，相互促进，丝路钱币作为古丝绸之路几千年来不离不弃的见证者，除了已经提到的历史价值和研究价值，在当今中国"一带一路"的战略背景下，又肩负起了新的历史使命和现实意义。

# 参考文献

1. 司马迁.史记[M].北京：中华书局，1959.
2. 班固.汉书[M].北京：中华书局，1962.
3. 范晔.后汉书[M].北京：中华书局，1965.
4. 陈寿.三国志[M].北京：中华书局，1959.
5. 刘昫等.旧唐书[M].北京：中华书局，1975.
6. 欧阳修、宋祁.新唐书[M].北京：中华书局，1975.
7. 司马光.资治通鉴[M].北京：中华书局，1956.
8. 洪遵.泉志[M].北京：中华书局，2013.
9. 脱脱.宋史[M].北京：中华书局，1977.
10. 宋濂等.元史[M].北京：中华书局，1976.
11. 宋应星.天工开物[M].吉林：吉林出版集团股份有限公司，2016.
12. 张廷玉等.明史[M].北京：中华书局，1974.
13. 赵尔巽等.清史稿[M].北京：中华书局，1977.
14. 北京古代钱币博物馆、中国古代钱币交易市场.中国历代古钱图解与价格指导[M].北京：中国档案出版社，1997.
15. 陈达农.古钱学入门[M].北京：中华书局，2001.
16. 陈新余.中国钱币学基础[M].南京：南京师范大学出版社，2006.
17. 戴志强.戴志强钱币学文集[M].北京：中华书局，2006.
18. 丁福保.历代古钱图说[M].上海：上海人民出版社，1992.
19. 方媛.古钱币[M].安徽：黄山书社，2016.
20. 高英民、王雪农.古代货币[M].北京：文物出版社，2008.
21. 何芳川、万明.古代中西文化交流史话[M].北京：商务印书馆，1998.
22. 联合国教科文组织、中国社会科学院考古研究所.十世纪前的丝绸之路和东西文化交流[M].北京：新世界出版社，1996.
23. 林梅村.丝绸之路考古十五讲[M].北京：北京大学出版社，2006.
24. 罗文华.中国钱币的故事[M].山东：山东画报出版社，2017.
25. 马飞海.中国历代货币大系[M].上海：上海人民出版社，1988.

26. 彭信威.中国货币史[M].上海：上海人民出版社，1988.

27. 沈泓.钱币里的中国[M].北京：中国青年出版社，2017.

28. 宋志强、王立新.中国古钱币库[M].天津：天津古籍出版社，1997.

29. 宿白.考古发现与中西文化交流[M].北京：文物出版社，2012.

30. 孙仲汇.古钱[M].上海：上海古籍出版社，1990.

31. 汤可可.中国钱币文化[M].天津：天津人民出版社，2004.

32. 唐石父.中国古钱币[M].上海古籍出版社，2001.

33. 余榴梁等.中国花钱[M].上海：上海古籍出版社，1992.

34. 张忠山.中国丝绸之路货币[M].兰州：兰州大学出版社，1999.

35. 朱活.古钱小辞典[M].北京：文物出版社，1995.

36. 卡尔·马克思.资本论[M].北京：商务印书馆，2007.

37. 斯坦因.西域考古记[M].北京：商务印书馆，2013.

38. 彼得·弗兰科潘.丝绸之路：一部全新的世界史[M].浙江：浙江大学出版社，2016.